Deutsch-Estnische Rechtsvergleichung und Europa

AF881725

STUDIEN DES INSTITUTS FÜR OSTRECHT MÜNCHEN

IOR

Begründet von Professor Dr. Reinhart Maurach
Herausgegeben von Professor Dr. Friedrich-Christian Schroeder,
Dr. h.c. (Breslau), Regensburg

Band 50

PETER LANG
Frankfurt am Main · Berlin · Bern · Bruxelles · New York · Oxford · Wien

Sven I. Oksaar
Niels von Redecker
(Hrsg.)

Deutsch-Estnische Rechtsvergleichung und Europa

PETER LANG
Europäischer Verlag der Wissenschaften

Bibliografische Information Der Deutschen Bibliothek
Die Deutsche Bibliothek verzeichnet diese Publikation in der Deutschen Nationalbibliografie; detaillierte bibliografische Daten sind im Internet über <http://dnb.ddb.de> abrufbar.

ISSN 0073-8492
ISBN 3-631-51481-6

© Peter Lang GmbH
Europäischer Verlag der Wissenschaften
Frankfurt am Main 2004
Alle Rechte vorbehalten.

Das Werk einschließlich aller seiner Teile ist urheberrechtlich geschützt. Jede Verwertung außerhalb der engen Grenzen des Urheberrechtsgesetzes ist ohne Zustimmung des Verlages unzulässig und strafbar. Das gilt insbesondere für Vervielfältigungen, Übersetzungen, Mikroverfilmungen und die Einspeicherung und Verarbeitung in elektronischen Systemen.

www.peterlang.de

Vorwort

Im Hinblick auf den bevorstehenden Beitritt Estlands zur Europäischen Union stand die zweite Jahrestagung der Deutsch-Estnischen Juristenvereinigung, die im Juni 2003 in den Räumlichkeiten der Bucerius Law School Hamburg stattfand, unter dem Thema „Deutsch-Estnische Rechtsvergleichung und Europa". Der vorliegende Band enthält die auf dieser Tagung gehaltenen Referate. Mit der Bibliographie im Anhang wird erstmals ein Verzeichnis aktueller deutsch- und englischsprachiger Literatur zum estnischen Recht vorgelegt. Dem Deutschen Akademischen Austauschdienst gebührt Dank für einen Druckkostenzuschuss zur Veröffentlichung dieses Bandes.

Dr. Sven I. Oksaar, Hamburg
Dr. Niels v. Redecker, M.A., Bonn

INHALT

Aufsätze

Anhang

Aufsätze

PROFESSOR DR. DR. H.C. MULT. HEIN KÖTZ*, HAMBURG

Neue Aufgaben der Rechtsvergleichung – Zur Entstehung eines gemeineuropäischen Privatrechts

Es soll heute nachmittag von den „Neuen Aufgaben der Rechtsvergleichung" die Rede sein. Dafür steht mir eine Redezeit von 30 Minuten zu, und ich nehme an, dass diese Zeitangabe ernstgemeint ist und nicht bloß – wie in den Fahrplänen der Deutschen Bahn – als eine erste grobe Annäherung gedacht ist. Unter diesen Umständen schien es mir empfehlenswert, unter den vielen „neuen Aufgaben" der Rechtsvergleichung für diesen Vortrag diejenige auszuwählen, die gerade für estnische Juristen von Interesse sein muss, dies jedenfalls dann, wenn sie über die Frage nachdenken, welche Bedeutung die europäische Öffnung Estlands für das estnische Privatrecht haben wird. Ich möchte deshalb über diejenige „neue Aufgabe" sprechen, die sich der Rechtsvergleichung in einem Prozess stellt, der überhaupt erst in den letzten 20 Jahren ins Bewusstsein der Juristen getreten ist: Gemeint ist die allmähliche Entstehung eines *„gemeineuropäischen Privatrechts"*, eines „ius commune Europaeum".

Diese Idee ist zuerst – wie es sich gehört – von den wissenschaftlich arbeitenden Juristen Anfang der achtziger Jahre entwickelt worden. Inzwischen hat sie sich unter den europäischen Rechtswissenschaftlern wie ein Flächenbrand ausgebreitet. Überall in Europa gibt es heute Arbeitsgruppen – in Trento und Pavia, in Tilburg und Wien, in Osnabrück, Utrecht und Hamburg und noch an vielen anderen Orten –, die den Versuch unternehmen, mit Hilfe der rechtsvergleichenden Methode zu zeigen, dass es für bestimmte Rechtsgebiete in Europa allgemein akzeptierte Regeln gibt, welches diese Regeln sind und ob ihre Entwicklung in Europa auf konvergierenden oder divergierenden Linien verläuft. Auch eine entsprechende Literatur beginnt sich zu entwickeln, die nach dieser Methode gearbeitet ist, es also unternimmt, auf rechtsvergleichender Grundlage das „Europäische Deliktsrecht", das „Europäische Vertragsrecht", das „Europäische IPR", das „Europäische Bereicherungsrecht" darzustel-

* Der Autor ist Präsident der Bucerius Law School Hamburg.

len. Alles dies sind natürlich rein wissenschaftliche Unternehmungen. In den letzten drei oder vier Jahren wird freilich immer deutlicher auch eine rechtspolitische Frage gestellt, eine Frage, die sich wie folgt umschreiben lässt:

> „Empfiehlt es sich, die Einheitlichkeit des Wirtschaftsraums der Union durch ein einheitliches Zivilgesetzbuch abzusichern? Oder genügt es, wenn wir uns auch künftig auf bereichsspezifische Annäherungen der nationalen Zivilrechtsordnungen beschränken?“

Noch vor ein paar Jahren hätte man dies als eine rein theoretische Frage abtun können. Inzwischen hat sie aber eine klare politische Dimension erhalten, und zwar deshalb, weil die Kommission – auf einen deutlichen Anstoß des Europäischen Rats von Tampere – im Juli 2000 an den Rat und an das Europäische Parlament eine *„Mitteilung zum europäischen Vertragsrecht“* gerichtet hat, in der sie die interessierten Kreise auffordert, sich möglichst konkret zu der Frage äußern, ob die Funktionsfähigkeit des Binnenmarkts durch das Nebeneinander unterschiedlicher Vertragsrechtsordnungen in den Mitgliedsstaaten beeinträchtigt wird. Auch möchte die Kommission wissen, welche Maßnahmen im Falle der Bejahung dieser Frage ergriffen werden sollten. Sie selbst zählt zu diesen Maßnahmen den Erlass eines „umfassenden Rechtstexts“, der nicht bloß einzelne Vertragstypen, sondern auch das allgemeine Vertragsrecht regeln und insoweit an die Stelle der nationalen Rechtsordnungen treten würde.

Diese Mitteilung der EU-Kommission enthält insofern etwas *grundsätzlich Neues*, als nun zum ersten Mal die Möglichkeit ins Auge gefasst wird, von der herkömmlichen Methode der Rechtsvereinheitlichung in Europa abzugehen oder sie doch jedenfalls in einem wesentlichen Punkt zu ergänzen. Die *herkömmliche Methode* ist bekanntlich in erster Linie dadurch gekennzeichnet, dass Richtlinien erlassen und dann von den gesetzgebenden Körperschaften der EU-Mitgliedsstaaten in nationales Recht umgesetzt werden. Ich brauche die vielen inzwischen erlassenen Richtlinien privatrechtlichen Charakters nicht alle aufzuzählen. Sie betreffen das Gesellschaftsrecht, das Arbeitsrecht, den gewerblichen Rechtsschutz und das Urheberrecht, das Handelsvertreterrecht, das Recht der Produkthaftung sowie zahlreiche Fragen des Verbraucherschutzrechts.

Während man früher noch jeden Akt der Setzung einheitlichen europäischen Rechts, der auf diese Weise zustande gekommen war, mit Jubel begrüßt hat, mischen sich heute in den Jubel mehr und mehr skeptische Stimmen. Insbesondere sieht man heute viel deutlicher als früher auch die *Nachteile*, die sich aus dem punktuellen und fragmentarischen Charakter des Einheitsrechts ergeben. Besonders Richtlinien erfassen bekanntlich immer nur Teilbereiche und Ausschnitte. Sie schaffen in einem Meer nationalen Rechts Inseln von Einheitsrecht, aber daneben stets auch breite Zonen, von denen sich oft nur schwer ausmachen lässt, ob sie schon Küste oder noch Meer sind, ob sie schon dem Einheitsrecht oder noch dem nationalen Recht unterliegen. Hier entstehen Abgrenzungsprobleme, die typische und unvermeidliche Folgekosten jeder fragmentarischen Rechtsvereinheitlichung sind. In der Tat wird von Vielen befürchtet, dass das deutsche Recht, wenn es auch künftig bei dieser Technik der europäischen Rechtsvereinheitlichung bleibt, sich bald wie ein buntgewirkter *Flickenteppich* ausnehmen wird, zusammengesetzt aus einzelnen Stücken nationalen und europäischen Rechts, die sich oft überlappen, in ihrer gegenseitigen Abgrenzung unklar sind, auf unterschiedlichen Wertungen beruhen, alles dies mit der Folge, dass die Rechtsanwendung in der Praxis nicht nur nicht vereinfacht, sondern durch fruchtlose und unnütze Abgrenzungsprobleme rein technischer Natur erheblich erschwert sein wird.

Zunächst ist diese düstere Prognose nur in der Wissenschaft diskutiert worden. Immerhin hat aber schon 1989 das Europäische Parlament mit einem Beschluss die Forderung erhoben, dass – ich zitiere – „mit den Vorbereitungsarbeiten zur Ausarbeitung eines einheitlichen Europäischen Gesetzbuchs für das Privatrecht begonnen" werde. Der Europäischen Gemeinschaft sei – so heißt es in den Erwägungsgründen – eine Vereinheitlichung oder Harmonisierung des Rechts in Europa bisher nur in bestimmten Einzelfragen gelungen. Das reiche aber nicht aus, um den Erfordernissen und Zielsetzungen des gemeinsamen Binnenmarktes Rechnung zu tragen. Notwendig sei mehr. Notwendig sei die „Vereinheitlichung umfassender Bereiche des Privatrechts". Die Mitgliedsstaaten der Europäischen Gemeinschaft müssten aufgefordert werden, sich darüber zu erklären, ob sie sich an einer solchen umfassenden Vereinheitlichung des Privatrechts beteiligen wollten; soweit das der Fall sei, müssten sie alsbald die Vorarbeiten zur Schaffung eines europäischen Zivilgesetzbuchs in Auftrag geben.

Die *Kommission* hat auf diesen Beschluss des Europäischen Parlaments viele Jahre lang nicht reagiert. Sie hat sich darauf beschränkt, mit Wohlwollen zuzuschauen, wie sich in der rechtsvergleichenden Forschung zahlreiche Arbeitsgruppen in Europa gebildet haben, die sich die Aufgabe setzen, für das allgemeine Vertragsrecht, für das Versicherungsvertragsrecht, für das Kreditsicherungsrecht, für das Deliktsrecht, für das Treuhandrecht und noch für viele andere Rechtsgebiete einen Kernbestand an überall in Europa akzeptierten Regeln zu ermitteln und diese Regeln sodann in einer gesetzesähnlichen Sprache als „Principles of European Law" zu formulieren und zu begründen. Besonders große Aufmerksamkeit hat die Arbeit der „European Commission of Contract Law" gefunden, die inzwischen praktisch das gesamte allgemeine Vertragsrecht in dieser Form niedergelegt hat. Freilich handelt es sich bei den sog. „Principles of European Contract Law" nicht um geltendes Recht, und sie werden von keinem europäischen Gericht als geltendes Recht angewandt.

Durch die schon erwähnte „Mitteilung der Europäischen Kommission" hat die *Frage der Europäisierung des Vertragsrechts* den Bereich des bloß wissenschaftlich Interessanten verlassen und nun auch eine *politische Dimension* gewonnen. Die Kommission wollte wissen, ob nach Meinung der interessierten Kreise die Funktionsfähigkeit des Gemeinsamen Markts durch das Nebeneinander verschiedener nationaler Vertragsrechte beeinträchtigt wird, und sie sprach von *vier Optionen*, die sich stellen, wenn man diese Frage grundsätzlich bejaht:

Die Option I bedeutet, dass keine gesetzgeberischen Aktivitäten unternommen werden und darauf vertraut wird, dass die Lösung des Problems auf die eine oder andere Weise vom Markt gefunden wird. Bei der Option II liegt es ebenso, außer dass die weitere wissenschaftliche Vorbereitung einer künftigen europäischen Rechtseinheit auf dem Gebiet des Vertragsrechts gefördert und unterstützt wird. Option III läuft darauf hinaus, dass man es auch künftig dabei belassen sollte, bestimmte konkrete „sektorspezifische" Einzelprobleme durch Richtlinien zu vereinheitlichen, sofern dafür ein konkretes Bedürfnis nachgewiesen wird. In Option IV wird die eigentliche Musik gespielt: Sie würde bedeuten, dass ein „einheitlicher europäischer Rechtstext", also ein europäisches Vertragsgesetzbuch ausgearbeitet wird, das neben oder auch an die Stelle der nationalen vertragsrechtlichen Regelungen tritt.

Was ist von dieser Option IV zu halten? Ich beginne mit dem Pro und wende mich dann dem Contra zu.

Für die Option IV setzt sich besonders die *Wissenschaft* ein. Tonangebend sind dabei Rechtswissenschaftler aus Deutschland, Holland und Italien. Aus den nord- und südeuropäischen Ländern hört man zu dieser Frage wenig, und was Großbritannien anlangt, so beteiligen sich die englischen Kollegen zwar mit großem Engagement an den eben genannten Arbeitsgruppen, reagieren aber mit erheblicher Zurückhaltung auf die Frage, ob die Ergebnisse, zu denen diese Arbeitsgruppen gelangt sind, als Gesetz in Kraft gesetzt werden könnten.

Dass die Wissenschaftler jedenfalls einiger europäischer Länder sich für die Option IV einsetzen, liegt nicht nur daran, dass jeder Professor daran interessiert ist, die Früchte seiner Arbeit eines Tages im Gesetzblatt vor sich zu sehen. Vielmehr werden auch eine Reihe durchaus plausibler *praktischer Argumente* vorgetragen.

Hingewiesen wird zunächst einmal darauf, dass für bestimmte Typen von Verträgen sich in den nationalen Rechtsordnungen nicht bloß unterschiedliche, sondern noch dazu zwingende Regeln finden, dies mit der Folge, dass es unmöglich ist, in Ausübung der Vertragsfreiheit für diesen Vertragstyp einen europaweit einheitlichen Vertragstext – etwa in der Form *europaweit einheitlicher Allgemeiner Geschäftsbedingungen* – festzulegen. Das gilt besonders für Versicherungsverträge und für Beförderungsverträge. Mir ist z. B. bekannt, dass ein großes Versicherungsunternehmen geprüft hat, ob sich nicht eine europaweit einheitliche Kfz-Haftpflichtpolice ausarbeiten lässt, die man allen Erwerbern von Neuwagen eines bestimmten Herstellers anbieten könnte. Das hat sich als unmöglich herausgestellt, weil die Versicherungsvertragsgesetze der Mitgliedsstaaten auf ganz unterschiedlichen zwingenden Vorschriften beruhen. Auf dem Gebiet der Beförderungsverträge – ich sehe von der Seebeförderung ab – verhält es sich ebenso.

Anders liegt es im *allgemeinen Vertragsrecht*, also bei denjenigen Regeln, nach denen sich z. B. beurteilt, unter welchen Voraussetzungen ein Vertrag durch Angebot und Annahme zustande kommt, eine Vertragspartei ihre Leistung zurückbehalten oder gegen den Anspruch ihres Kontrahenten aufrechnen kann, ob sie vom Vertrag zurücktreten oder wegen einer Vertragsverletzung Schadensersatz verlangen kann usw. usf. Diese Regeln sind durchweg nicht zwingend, sondern dispositiv, und daher könnte man sagen, dass die Parteien sich um die unterschiedlichen nationalen dispositiven Regelungen gar nicht zu kümmern brauchen, weil sie in ihren Vertrag stets dasjenige hineinschreiben können, was ihnen im konkreten Fall angemessen erscheint. Wer so argumentiert, übersieht aber, dass es zwischen dispositivem und zwingendem Recht keine klare Grenzlinie, sondern fließende Übergänge gibt, und zwar deshalb, weil eine bestimmte vertragsrechtliche Regel zwar in der Theorie dispositiv sein mag, praktisch aber umso eher wie eine zwingende Regel wirkt, je höher die Transaktionskosten sind, die die Parteien aufwenden müssten, wenn sie die Regel abbedingen wollten. Dies ist der Grund, warum es in vielen Verträgen an Vereinbarungen fehlt, mit denen festgelegt wird, unter welchen Voraussetzungen jede der beiden Parteien ihre Leistung zurückbehalten, mit einer Gegenforderung aufrechnen, vom Vertrag Abstand nehmen, wegen einer Pflichtverletzung Schadensersatz verlangen oder sich auf Verjährung berufen kann. Dass es zu solchen Vereinbarungen nicht kommt, Verträge also immer mehr oder weniger „unvollständig" bleiben, liegt nicht an der Trägheit oder am Unverstand der Parteien, sondern daran, dass sie die Mühe und Kosten, die ihnen durch die Ausarbeitung vertraglicher Abreden über die genannten Punkte entstünden, gegen den daraus zu erhoffenden Nutzen abwägen und dabei zu dem durchaus rationalen Schluss gelangen, dass sich solche Abreden für sie nicht lohnen. Je mehr nun aber aus solchen Kostengründen die Vereinbarung konkreter und maßgeschneiderter Abreden unterbleibt und infolgedessen die Verträge „unvollständig" sind, desto mehr gewinnen die an sich dispositiven Regeln, die die von den Parteien gelassenen Lücken schließen, eine Art zwingenden Charakters.

Das gilt nun in ganz besonderem Maße, wenn ein *grenzüberschreitender Vertrag* geschlossen wird, von dem die Parteien zunächst noch nicht einmal wissen, welche nationale Rechtsordnung für ihn maßgeblich ist. Der deutsche Vertragspartner muss also nach den Regeln des Internationalen Privatrechts klären, ob der Vertrag, den er abschließen möchte, sich nach deutschem oder nach ausländischem Recht beurteilt. Ist ausländisches Recht maßgeblich, so muss er prüfen, ob die Regeln dieser Rechtsordnung seinen Interessen Rechnung tragen. Soweit das nicht der Fall ist, muss er versuchen, sich in Verhandlungen mit seinem Vertragspartner auf eine Vereinbarung zu verständigen, die das anwendbare dispositive ausländische Recht durch eine passende vertragliche Regelung ersetzt. Stattdessen kann er auch versuchen, eine Rechtswahlklausel zugunsten des ihm vertrauten deutschen Rechts durchzusetzen. Gelingt ihm das nicht, so wird er das Risiko durch die Beschaffung von Versicherungsschutz oder durch eine Rückstellung zu decken versuchen. Durch alle diese Maßnahmen entstehen *Kosten*, dies auch dann, wenn man annimmt, dass der Vertrag zwar zunächst geschlossen wird, sich aber bei seiner Abwicklung Schwierigkeiten ergeben und nunmehr geprüft werden muss, welche Erfolgsaussichten eine Klage hat. Alles dies kann dazu führen, dass ein deutscher Anbieter für sein Produkt im Falle der Lieferung nach Frankreich oder Spanien einen höheren Preis verlangen muss, als dort für das gleiche Produkt von einem französischen oder spanischen Anbieter verlangt würde, für den die Lieferung ein reines Inlandsgeschäft ist. Das verträgt sich nicht – so wird geltend gemacht – mit dem Grundgedanken eines „Binnenmarkts ohne Grenzen".

Freilich gibt es auch *Gegenargumente*. Wer sich darüber ein Bild machen will, braucht sich nur im Internet die Stellungnahmen der Wirtschaftsverbände auf den Bildschirm zu holen, mit denen sie auf die Mitteilung der EU-Kommission reagiert haben. Im Großen und Ganzen hat man dabei den Eindruck, dass es zwar hier und da praktische Schwierigkeiten beim Abschluss grenzüberschreitender Verträge gibt, dass man aber gelernt hat, mit diesen Schwierigkeiten zu leben und dass ein Bedürfnis nach gesetzlicher Festlegung eines einheitlich geltenden europäischen Vertragsrechts nicht oder jedenfalls noch nicht gesehen wird. Im Außenhandel tätige Unternehmen seien es gewohnt, sich in fremden Rechtskreisen zu bewegen. Für manche Branchen existierten seit langem international übliche und bis in Detail hinein ausgearbeitete Allgemeine Geschäftsbedingungen, die man den Verträgen zugrunde legen könne. Für das Gebiet der internationalen Warenkaufverträge bestehe die Möglichkeit, das Einheitliche UN-Kaufrecht für maßgeblich zu erklären, das inzwischen von mehr als 40 Staaten – darunter allen EU-Mitgliedsländern außer Großbritannien – ratifiziert worden ist und eine moderne und durchdachte Regelung des Kaufvertragsrechts bereithält. Auch werde bei intensiveren Geschäftsbeziehungen zu einem bestimmten Land oft von der Möglichkeit Gebrach gemacht, in dem betreffenden Land eine Tochtergesellschaft oder eine Repräsentanz zu gründen oder die Pflege des Marktes einem dort ansässigen Kooperationspartner zu überlassen. In allen diesen Fällen sei die Unterschiedlichkeit der Rechtsordnungen kein Hindernis für den Wirtschaftsverkehr.

Die Stellungnahmen der Verbände dürfen nicht dahin missverstanden werden, dass die deutsche Wirtschaft kein Interesse an der Rechtsvereinheitlichung hätte. Sie sieht durchaus die Vorteile, die eine einheitliche Rechtsordnung bieten würde. Sie sieht aber auch die Nachteile. Der wesentlichste Nachteil ist in ihren Augen wohl der, dass es sich bei vereinheitlichtem Recht zwangsläufig um neues Recht handelt. Dieses mag zwar im Verhältnis zum geltenden Recht „moderner", möglicherweise sogar sachgerechter und einfacher sein; aber es fehlt ihm notwendigerweise die „Reife", weil die abstrakten Rechtssätze des neuen Rechts noch nicht auf praktische Sachverhalte angewendet worden sind. Während das geltende Recht regelmäßig durch eine umfangreiche Rechtsprechung verdeutlicht und ausgefüllt ist, kann man nicht übersehen, zu welchen Ergebnissen das *neue* Recht bei oft sehr komplizierten Vertragsgestaltungen kommen wird. Das neue Recht enthält Lücken und Probleme, die noch nicht erkannt, jedenfalls aber noch nicht gelöst sind; es fehlt die wissenschaftliche Durchdringung. Gerade die durch das vertraute und ausgereifte Recht vermittelte größere Rechtssicherheit hat für Unternehmen einen hohen Stellenwert, weil die Entscheidung einer Rechtsfrage in der Regel erhebliche Auswirkungen auf das Vermögen und die Betriebsabläufe hat.

Hinzu kommt, dass die Vorteile eines einheitlichen Rechts erst dann zum Tragen kommen, wenn auch seine einheitliche Anwendung und Auslegung durch die Gerichte sichergestellt sind. Es gibt genügend Beispiele dafür, dass Einheitsrecht sich relativ schnell durch eine uneinheitliche Rechtsprechung der nationalen Gerichte wieder auseinanderentwickelt hat. Bei einer „Europäisierung" des Privatrechts könnte man zwar daran denken, die Aufgabe der Wahrung der Rechtseinheit dem Europäischen Gerichtshof zuzuweisen; es ist aber fraglich und hängt wahrscheinlich von der Form der Rechtsvereinheitlichung ab, innerhalb welcher Grenzen man eine solche Aufgabe dem Gerichtshof übertragen kann, der ja schon heute unter Überlastung leidet.

Sie sehen also, meine Damen und Herren, dass wir es mit einer Frage zu tun haben, in der das Urteil Vernünftiger schwanken kann.

Von diesem Urteil hängt es auch ab, wie man den sogenannten „Aktionsplan" bewertet, den die Kommission am 12. Februar 2003 vorgelegt hat. Unter dem Eindruck der Stellungnahmen, die ihr von den Gemeinschaftsorganen, von den Regierungen der Mitgliedsstaaten, von den Wirtschafts- und Berufsverbänden und aus der Rechtswissenschaft zugegangen sind, will sie nunmehr drei verschiedene Wege beschreiten:

Sie will, *erstens*, mit Hilfe der Forschung und der interessierten Parteien einen sogenannten Referenzrahmen erarbeiten. Er soll sich stützen auf eine Analyse des *acquis communautaire*, also der bereits geltenden gemeinschaftsrechtlichen Regelungen und der zahlreichen Widersprüche und Ungereimtheiten, die sie aufweisen. Er soll ferner die besten Lösungen enthalten, die für bestimmte vertragsrechtliche Grundbegriffe und Konzepte gelten sollten; dadurch soll erreicht werden, dass die bereits bestehenden, aber auch die künftigen vertragsrechtlichen Vorschriften des Gemeinschaftsrecht in größerem Maße als bisher widerspruchsfrei, kohärent und in sich stimmig sind.

Zweitens will die Kommission die Ausarbeitung europaweit einheitlicher Allgemeiner Geschäftsbedingungen fördern.

Schließlich, *drittens* – und erst damit nähern wir uns dem Bereich der Gesetzgebung – will die Kommission der Frage nachgehen, ob nicht für das Gebiet des allgemeinen Vertragsrechts eine Regelung in Kraft gesetzt werden könnte, die die Kommission als „optionelles Rechtsinstrument" bezeichnet. Darunter versteht sie eine gesetzliche Regelung des Vertragsrechts – etwa in der Form einer EU-Verordnung –, die sowohl dispositive wie zwingende Vorschriften enthält und entweder nur für grenzüberschreitende oder auch für rein nationale Geschäfte gilt, die aber – und das ist der entscheidende Punkt – nur dann gilt, wenn die Parteien für die Anwendbarkeit dieser Vorschriften optiert haben. Hier kommt eine „opt-in"-Lösung und eine „opt-out"-Lösung in Betracht. Bei der „opt-in"-Lösung wären die vertragsrechtlichen Vorschriften nur dann anwendbar, wenn die Parteien sie in ihrem Vertrag ausdrücklich durch eine Art Rechtswahlklausel als maßgeblich bezeichnet und sie nicht abbedungen haben. Bei der „opt-out"-Lösung würden hingegen diese Vorschriften automatisch gelten, es sei denn, dass die Parteien ausdrücklich ihre Geltung ausgeschlossen haben. Ich wiederhole aber noch einmal, dass die Kommission ein solches „optionelles Rechtsinstrument" nicht etwa als erforderlich bezeichnet hat, sondern die Frage seiner Erforderlichkeit lediglich künftig näher untersuchen will.

Lassen Sie mich mit dem Bekenntnis schließen, dass ich diese Vorschläge der Kommission ein bisschen zu vorsichtig, zu zögerlich, zu timide finde und mir gewünscht hätte, dass sie mutiger ausgefallen wären und gleichsam eine Stimmung des Aufbruchs zu neuen Ufern verbreitet hätten. Das ist gewiss nicht geschehen. Andererseits ist aber auch nicht zu leugnen, dass die Kommission viele Stellungnahmen erhalten hat, die sehr skeptisch waren und es im Grunde mit jenem englischen Richter hielten, der einmal ausrief:

„Reform? Reform? Are things not bad enough already?“

RECHTSANWALT DR. GEORG ENGELBRECHT*, HAMBURG

Aspekte des Sportrechts im Europäischen Rechtsraum

INHALT

Das Spannende am *Sportrecht* ist nicht nur der Sport, sondern vor allem die Vielfalt der Rechtsgebiete, die sich unter diesem Sammelbegriff verbergen.

Was indes der *Europäische Rechtsraum* ist, bedarf näherer Untersuchung. Er umfasst neben den nationalen Rechten die Regelungen des Gemeinschaftsrechts, einschließlich des Abkommens über den Europäischen Wirtschaftsraum (EWR), der allerdings auf die Staaten Island, Liechtenstein und Norwegen verkümmert ist. Die Schweiz führt nach wie vor ein Sonderdasein. Dann gibt es die europäischen Staaten, mit denen die EU Assoziationsabkommen abgeschlossen hat, darunter mit den zehn aktuellen Beitrittskandidaten einschließlich Estland. Und wenn man den Kreis noch weiter zieht und all die Staaten hinzurechnet, die mit der EU durch Kooperationsabkommen verbunden sind, wird die Landkarte eines „Europäischen Rechtsraums" immer größer. Denn dazu gehören nicht nur die weiteren Staaten Osteuropas und Nordafrikas, sondern mit dem neuen *Cotonou*-Partnerschaftsabkommen[1] auch die 78 AKP-Staaten Afrikas, der Karibik und des Pazifischen Ozeans.

Wegen der Kürze der mir zur Verfügung stehenden Zeit möchte ich mich auf drei aktuelle Themen zum Sportrecht im europäischen Rechtsraum beschränken, das Verbot der Diskriminierung von Sportlern aus Drittstaaten, die aktuelle Entwicklung des Anti-Dopingrechts (insbesondere der Weltdopingagentur WADA) und den Einfluss der EU-Wettbewerbsregeln auf den Sport:

---

* Der Autor ist Rechtsanwalt in der Hamburger Kanzlei REMÉ Rechtsanwälte.

1 AKP-EG-Partnerschaftsabkommen v. 23. 6. 2000 nebst Zustimmungsgesetz v. 22. 2. 2002, BGBl II, S. 326.

I. NICHTDISKRIMINIERUNG VON SPORTLERN AUS DRITTSTAATEN

Jaan Kirsipuu ist Arbeitnehmer, beschäftigt als Radrennfahrer in der Equipe des französischen Kranken- und Lebensversicherers AG2R Prévoyance, einer Mannschaft, die auch an der diesjährigen Tour de France teilnehmen wird. Kirsipuu, Sieger der letztjährigen 5. Etappe von Soissons nach Rouen, genießt gemäß Art. 36 des Assoziierungsabkommens mit Estland vom 12. September 1996[2] *Diskriminierungsschutz*. Nach dieser Vorschrift – die reziprok auch für die Mitgliedstaaten der Gemeinschaft gilt – dürfen estnische Arbeitnehmer, die im Gebiet eines Mitgliedstaates rechtmäßig beschäftigt sind, keine Diskriminierung hinsichtlich der Arbeitsbedingungen, der Entlohnung oder der Entlassung erfahren. Damit haben sie zwar (noch) nicht die vollständige Freizügigkeit, wie sie gemäß Art. 39 EG den Arbeitnehmern der Gemeinschaft vorbehalten ist. Aber immerhin gilt für die Assoziierungsbürger das sog. „Straßenbahnprinzip": wer es geschafft hat, drin zu sein (in einem Mitgliedstaat der Gemeinschaft), hat das Recht auf diskriminierungsfreie Betätigung; diejenigen, die draußen sind, müssen nicht reingelassen werden und genießen auch keine Privilegien. Im Arbeitsrecht bedeutet dies: Jeder Mitgliedstaat darf autonom bestimmen, ob und welche Arbeitsuchenden aus Drittstaaten Aufenthalt und Arbeit finden dürfen. Nach Art. 55 der Assoziierungsabkommen (z.B. auch mit Estland) sind die Vertragsparteien nicht daran gehindert, ihre nationalen Rechts- und Verwaltungsvorschriften über Einreise und Aufenthalt, Beschäftigung, Beschäftigungsbedingungen, Niederlassung von natürlichen Personen sowie über die Erbringung von Dienstleistungen anzuwenden, sofern dadurch nicht günstigere Bestimmungen des Abkommens zunichte gemacht werden.

Kirsipuu ist „drin". Wäre er z.B. als Handballspieler in Deutschland beschäftigt, müsste er zu allen nationalen und internationalen Wettbewerben wie ein EU-Bürger zugelassen werden. Die solches noch einschränkende Ausländerklausel des § 15 Spielordnung des Deutschen Handballbundes wurde jüngst vom Europäischen Gerichtshof (EuGH)

---

2 Europa-Abkommen v. 12. 6. 1995 nebst Zustimmungsgesetz v. 12. 9. 1995 nebst Zustimmungsgesetz v. 12. 9. 1996, BGBl II, S. 1666.

mit dem Urteil *Kolpak* v. 8. Mai 2003[3] für unwirksam erklärt. Nach ständiger Rechtsprechung des EuGH sind Bestimmungen eines von der Gemeinschaft mit Drittländern geschlossenen Abkommens für die Mitgliedstaaten gemäß Art. 300 Abs. 7 EGV verbindlich und darüber hinaus zugunsten einzelner Bürger unmittelbar anwendbar, wenn sie nach Wortlaut und Ziel des Abkommens eine klare und eindeutige Verpflichtung enthalten, deren Erfüllung oder deren Wirkungen nicht vom Erlass eines weiteren Aktes abhängen. Für Assoziierungs- und Kooperationsabkommen, z.B. mit Marokko[4], Algerien[5] und der Türkei[6] hat der EuGH diese Rechtsprechung bereits seit 1974[7] ständig weitergeführt[8], und zwar zunächst für spezielle sozialversicherungsrechtliche Arbeitnehmeransprüche[9], neuerdings aber eben auch für arbeitsrechtliche Ansprüche[10], wobei – wie im Fall des slowakischen Handballspielers *Kolpak*[11], gestützt schon auf die maßgebliche Entscheidung *Bosman* von 1995[12] – die Mitgliedstaaten das Diskriminierungsverbot nach den Europaabkommen auch nicht durch Sportverbandsregelungen rechtfertigen können. Hiervon ausgenommen sind lediglich beschränkende Ausländerklauseln für Spiele zwischen Nationalmannschaften verschiedener Länder[13].

---

3 Rechtssache C – 438/00.

4 Vom 27. 4. 1976, Verordnung (EWG) Nr. 2211/78 des Rates v. 26. 9. 1978, ABl. L 264, S. 1.

5 Vom 26. 4. 1976, Verordnung (EWG) Nr. 1110/78 des Rates v. 26. 9. 1978, ABl. L 263, S. 1.

6 Assoziierungsabkommen v. 12. 9. 1963, Beschluss 64/732/EWG des Rates v. 23. 12. 1963, ABl. 1964 Nr. 217, S. 3685 nebst Zusatzprotokoll v. 23. 11. 1970, bestätigt durch Verordnung (EWG) Nr. 2760/72 des Rates v. 19. 12. 1970, ABl. L 293, S. 1 sowie Zusatzbeschlüssen des Assoziationsrates, z.B. Nr. 3/80 v. 19. 9. 1980.

7 EuGH, Urteil Haegeman v. 30. 4. 1974, Rs 181/73, Slg. 1974, 449.

8 Urteil Kupferberg v. 26. 10. 1982, Rs 104/81, Slg. 1982, 3651.

9 Urteil Demirel v. 20. 9. 1987, Rs. 12/86, Slg. 1987, 3719; Urteil Kziber v. 31. 1. 1991, Rs. C-18/90, Slg. 1991, I – 199; Urteil Yousfi v. 20. 4. 1994, Rs. C-58/93, Slg. 1994, I – 1353; Urteil Krid v. 5. 4. 1995, Rs C-103/94, Slg. 1995, I – 719; Urteil Hallouzi-Choto v. 3. 10. 1996, RS C-126/95, Slg. 1996, I – 4807; Urteil Babahenini v. 15. 1. 1998, Rs C-113/97, Slg. 1998, I – 183 und Urteil Sürül v. 4. 5. 1999, Rs C-262/96, Slg. 1999, I – 2685.

10 Erstmals zum Assoziierungsabkommen mit Polen: Urteil Pokrzeptowicz-Meyer v. 29. 1. 2002, Rs C-162/00, Slg. 2002, I – 1049.

11 S. Fn. 3.

12 Urteil v. 15. 12. 1995, Rs C-415/93, Slg. 1995, I – 4921.

13 Urteil Bosman, ebda., Rn. 131, 132.

FIFA-Präsident *Blatter* hatte in seinem Interview vom 21. 1. 2003 mit der französischen Tageszeitung „Le Monde" angesichts der schon Ende Dezember 2002 vom französischen Conseil d'Etat zugunsten der polnischen Basketballspielerin *Lilia Malaja* ergangenen Parallelentscheidung[14] die Befürchtung ausgesprochen, dass nun auch die Sportler aus den AKP-Staaten Europa überschwemmen könnten. Art. 13 Abs. 3 des Cotonou-Abkommens sieht ebenfalls ein arbeitsrechtliches Diskriminierungsverbot vor. Allerdings hat dieses Abkommen nicht eine Heranführung der AKP-Staaten an einen EU-Beitritt zum Ziel, was für den EuGH im Urteil *Kolpak* immerhin ein wichtiges Argument zur Bejahung der unmittelbaren Wirkung des Diskriminierungsverbots in den Assoziierungsabkommen war. Zum anderen bleibt für sämtliche Arbeitsuchende aus Drittstaaten nach wie vor die hohe nationale Hürde der erstmaligen Arbeitsaufnahme in einem Mitgliedstaat.

Im Urteil *Lehtonen* v. 13. 4. 2000[15] stellte der EuGH erneut klar, dass die arbeitsrechtliche Freizügigkeit durch autonome Regelungen der Sportverbände (hier des Basketball-Weltverbandes FIBA zu Ausschlussfristen für den Transfer von Basketballspielern während der laufenden nationalen Meisterschaft) nur insoweit eingeschränkt werden darf, als es sich um Regeln handelt, die ausschließlich den Sport als solchen betreffen, insbesondere bei Länderspielen.

II. ANTI-DOPINGRECHT

Angenommen, der Zehnkämpfer *Erki Nool*, Olympiasieger von Sydney 2000 und zweiter der Leichtathletikweltmeisterschaften von 2001 in Edmonton, hätte – er hat nicht – sich eines Dopingverstoßes schuldig gemacht, dann unterläge die gerichtliche Prüfung der Ahndung dieses Verstoßes (Disqualifikation und ggf. Sperre) nicht einem Recht des „Europäischen Rechtsraums", sondern materiellrechtlich den Verbandsregeln des Leichtathletikweltverbandes IAAF und prozessual der Schiedsgerichtsbarkeit des Internationalen Sportschiedsgerichts TAS in Lausanne. Die IAAF hat sich seit Edmonton endlich auch der TAS-

14 Mit der das Urteil der Cour Administrative d'Appel de Nancy v. 3. 2. 2000 – 99 NC 00282 – bestätigt wurde.

15 Urteil v. 13. 4. 2000, Rs C-176/96, Slg. 2000, I – 2681.

Schiedsgerichtsbarkeit unterworfen. Die kontinuierliche Rechtsprechung dieses Spruchkörpers durch Panels mit jeweils drei aus einer Liste von 150 Schiedsrichtern ausgewählten Mitgliedern führt seit nunmehr 1986 zu einem Case-Law, das sich zu einer – die nationalen Rechts- und Gerichtsordnungen übergreifenden – „*lex sportiva*" zu entwickeln scheint. Dies gilt insbesondere für den Versuch, einheitliche Kriterien für Dopingstrafen und deren rechtliche Überprüfung aufzustellen. Übrigens ist Estland, was solche Schiedsgerichtsverfahren vor dem TAS anbelangt, noch jungfräulich[16].[17]

Einen großen Wurf stellt die neu ins Leben gerufene Welt-Anti-Dopingagentur WADA mit Sitz in Montreal dar, souverän geleitet von ihrem Präsidenten, dem kanadischen Rechtsanwalt *Richard W. Pound*. Die WADA mit ihrem World-Anti-Doping-Code[18] – im März 2003 in Kopenhagen von 73 Regierungen und 65 Sportorganisationen feierlich verabschiedet – leidet indes schon unmittelbar nach Aufnahme ihrer ehrgeizigen Tätigkeit an chronischem Geldmangel. Ihr fehlen laut Pressemitteilung vom 7. Juni 2003 von den für 2003 budgetierten 20 Mio. USD noch 2/3 dieser Summe. Voll eingezahlt hat bislang (als eines der wenigen Länder) Estland den Beitrag von 5.767 USD. Nicht gezahlt haben die Nachbarländer Lettland und Litauen. Deutschland hat mit 149.000 USD weniger als 1/3 gezahlt, voll dagegen Russland mit rund 600.000 USD, ebenso das Vereinigte Königreich. Die USA haben nichts gezahlt. Angesichts dieser „cash"-Krise wird es für die WADA schwierig sein, ihren Plan umzusetzen, dass der Anti-Doping-Code bereits zu den kommenden Olympischen Spielen 2004 in Athen für alle teilnehmenden Nationen und Athleten verbindlich wird.

Zum Stichwort „Europäischer Rechtsraum" und Sport, hier speziell Doping, ist noch nachzutragen, dass es seit immerhin 1989 ein „Übereinkommen gegen Doping" der Mitgliedstaaten des Europarats[19] gibt.

---

16 Im Unterschied zu Lettland: CAS Arbitration Award Nr. CAS OG 02/001 v. 5. 2. 2002 – Sandis Prusis, vgl. hierzu auch sogleich.

17 Litauen: Arbitral Award Nr. CAS 2001/A/354 v. 15.04.2002 – Irish Hockey Association v/Lithuanian Hockey / International Hockey Federation.

18 Abrufbar unter: www.wada-ama.org

19 Übereinkommen gegen Doping v. 16. 11. 1989, abgedruckt (dreisprachig: englisch, französisch und deutsch) als Anhang zum deutschen Zustimmungsgesetz v. 2. 3. 1994, BGBl II S. 334.

Für Estland ist das Übereinkommen am 1. 1. 1998 in Kraft getreten[20]. Deutschland hat dieses nur völkerrechtlich wirkende Übereinkommen am 27. Mai 1992 unterzeichnet und ihm mit Gesetz vom 2. März 1994 zugestimmt[21].

Seit 1. Januar 2003 ist als Anhang zum europäischen Doping-Übereinkommen eine aktuelle Überarbeitung der Referenzliste der verbotenen Substanzen und Methoden in Kraft getreten[22]. Im Wesentlichen deckt sich dieser Katalog auf der Grundlage der neuesten wissenschaftlichen Erkenntnisse mit dem Anti-Doping-Code der WADA.

Wie unvollkommen bislang noch die notwendige Harmonisierung der Antidoping-Regelungen und deren Handhabung durch die einzelnen internationalen Sportverbände einerseits, des IOC andererseits und schließlich durch die Rechtsprechung des TAS sein kann, zeigt das Beispiel des bekannten Bobfahrers aus dem Nachbarstaat Lettland *Sandis Prusis*[23]. Dieser wurde wenige Monate vor Beginn der Olympischen Winterspiele 2002 in Salt Lake City vom Internationalen Bobverband FIBT des Dopings überführt, hierfür allerdings statt der an sich zwingenden zweijährigen, nur mit einer dreimonatigen Sperre belegt. Diese Sperre lief sechs Tage vor Beginn der Spiele, also „rechtzeitig" ab. *Prusis* reiste mit seiner Bobmannschaft an, wurde jedoch vom IOC zurückgewiesen. Das Adhoc-Panel des TAS entschied, dass dem IOC (obwohl alleiniger Veranstalter der Spiele[24]) nach den geltenden Statuten trotz aller Sympathien für die Kritik an der ungewöhnlichen Milde des Weltfachverbandes nicht das Recht zustand, so zu tun, als sei die auf drei Monate begrenzte Dopingstrafe tatsächlich noch nicht abgelaufen.

Sie alle haben sicherlich Ende April dieses Jahres in den Gazetten gelesen[25], dass der neunmalige Goldmedaillengewinner *Carl Lewis* (1984-96) eingeräumt hat, bei der Olympiaausscheidung zu den Spielen 1988 in Seoul gedopt gewesen zu sein. Schon Jahre vorher hatte die IAAF vergeblich versucht, von den US-amerikanischen Verbänden Auskunft über vermutete Dopingverstöße von Athleten zu bekommen. Hier-

---

20 BGBl 1998 II S. 358

21 Vgl. Fn. 19; zum 1. 3. 2003 hat z.B. Irland zugestimmt (BGBl II 2003 S. 411).

22 BGBl. II 2003 S. 311 (dreisprachig abgedruckt).

23 Vgl. oben, Fn. 16.

24 IOC Charta, Rule 11 OC lautet: „The Olympic Games are the exclusive property of the IOC which owns all rights relating thereto ...".

25 Z.B. Hamburger Abendblatt v. 25. 4. 2003, S. 25.

zu gibt es nun einen höchst bemerkenswerten Schiedsspruch des TAS vom 10. Januar 2003[26] in einem freiwillig vereinbarten Schiedsgerichtsverfahren, in dem wahrlich die internationalen Größen des Sportrechts beteiligt waren. Mit akribischer Feinsinnigkeit arbeitete das Panel einerseits den Anspruch der IAAF gegen ihren nationalen Mitgliedsverband USA Track & Field (USATF) auf Auskunft und Vorlage der Dopingunterlagen zu den einzelnen beanstandeten mutmaßlichen Dopingfällen heraus, um dann aber das dadurch gewünschte Ergebnis doch zu kippen, indem es den betroffenen US-Athleten einen vorrangigen Vertrauensschutz zubilligte, gestützt auf das sog. *Estoppel-Prinzip*. Der IAAF wurde vorgehalten, zwar jahrelang nachgefragt zu haben, nicht jedoch mit dem nötigen Nachdruck und insbesondere nicht mit einer plausiblen Erklärung, warum denn nach den IAAF-Regeln ein solcher Auskunftsanspruch tatsächlich bestünde.

Das Ergebnis bleibt fragwürdig. Art. 17 des WADA-Codes limitiert die Verfolgung von Dopingverstößen auf einen Zeitraum von acht Jahren. Auf meine Frage anlässlich eines internationalen Sportkongresses in Madrid Mitte Mai, warum die Verfolgungsverjährung ausgerechnet auf acht Jahre festgelegt wurde und was bis dahin (der Code ist ja noch nicht in Kraft getreten) mit den derzeit noch anhängigen Dopingfällen geschehen sollte, antwortete der WADA-Präsident *Pound* – nach meinem Eindruck recht sarkastisch –, in den USA betrüge die Frist zur Verjährung von Mordtaten weit weniger als acht Jahre; warum sollten ausgerechnet Dopingsünder ihr Leben lang verfolgt werden können. Tatsächlich ist *Pound* ein energischer Kritiker der offenbar weiterhin recht laxen Handhabung von Dopingkontrollen in den USA.

III. SPORT UND KARTELLRECHT

Die weltweite Fernsehübertragung der Olympischen Winterspiele von Salt Lake City, z.B. mit dem Olympiasieg des Esten *Andrus Veerpalu* im 15km-Skilanglauf und dem Gewinn seiner Silbermedaille im 50km-Langlauf[27] setzen eine aufwendige Organisation der zentralen Vermarktung der Fernsehrechte voraus. Dies berührt auch in Europa unmittelbar

26 CAS Arbitral Award v. 10. 1. 2003 (unveröffentlicht).
27 Sein Landsmann Jaak Mae wurde dabei immerhin Gewinner der Bronzemedaille.

das europäische Wettbewerbs/Kartellrecht. Soeben hat das IOC den Verkauf der Fernsehrechte für den US-Markt an den Olympischen Winterspielen 2010 und den Sommerspielen 2012 für zusammen zwei Mrd. USD an den amerikanischen Konzern General Electric und dessen Tochtergesellschaft NBC mitgeteilt.[28] Für die Winterspiele 2006 in Turin wurden 614 Mio.USD ausgegeben, für die Sommerspiele 2008 in Beijing 894 Mio. USD. Solche Summen belegen, wie weit sich Olympische Spiele von ihrem ursprünglich gewollten Charakter des reinen Amateursports entfernt haben.

Der EU-Wettbewerbskommissar *Mario Monti* hat auf einer internationalen Sportkonferenz am 26. Februar 2001 in Brüssel die Politik seines Hauses zur Einflussnahme des Wettbewerbsrechts der Gemeinschaft auf das Sportgeschehen etwa wie folgt zusammengefasst[29]:

- Sport ist den Rechtsregeln unterworfen, insbesondere dem Gemeinschaftsrecht;
- Sport übt eine wichtige soziale, integrative und kulturelle Funktion aus;
- Die Wettbewerbsregeln der Gemeinschaft sind nur auf die wirtschaftlichen Aktivitäten des Sports anzuwenden. Dabei bleibt die Unterscheidung zu den rein sportlichen (insoweit ausschließlich den Verbänden vorbehaltenen) Belangen schwierig;
- Im Unterschied zur Wettbewerbssituation in der allgemeinen Wirtschaft liegt die Besonderheit des Wettbewerbs im Sport nicht darin, den schwächeren Mitbewerber zu eliminieren, sondern genau umgekehrt zwischen allen Kontrahenten eine Balance aufrecht zu erhalten nach dem Prinzip der Gleichbehandlung und um zu erreichen, dass die sportlichen Ergebnisse zuvor ungewiss, also spannend bleiben.

Diese klare wirtschaftlich-rechtliche Aussage von *Monti*, bestätigt und zuweilen sogar noch überholt vom EuGH, steht in einem gewissen Gegensatz zu den regelmäßig wiederholten Bekundungen der für den Sport zuständigen Kommissionskollegin *Viviane Reding*.[30] Sie betont die gesellschaftlichen und kulturellen Besonderheiten des Sports, wie sie in

---

28 IOC Press release v. 6. 6. 2003, im Internet abzurufen unter: www.olympic.org/uk/news/media_centre/press_release.

29 DN: Speech/01/84 v. 26. 2. 2001, abzurufen unter: www.europa.eu.int.

30 IP/99/918 v. 1. 12. 1999; speech/01/616 v. 6. 12. 2001; speech/02/130 v. 25. 2. 2002; speech/03/234 v. 8. 5. 2003; IP/03/767 v. 28. 5. 2003 zum „European Year of Education through Sport 2004: alle abzurufen im Internet unter: europa.eu.int/rapid/start/cgi/guesten.

der Erklärung Nr. 29 der Regierungskonferenz von Amsterdam 1997 und noch ausführlicher auf der Konferenz in Nizza 2000 formuliert wurden.[31]

Für die Schlussberatungen des Europäischen Konvents am 20./21. Juni 2003 in Thessaloniki zur Schaffung einer neuen Verfassung hat der IOC-Präsident *Jacques Rogge* – insoweit ganz Europäer – die Forderung eingebracht, einen gesonderten Artikel zum Sport in die Verfassung aufzunehmen, der die Kompetenz und Autonomie der Sportföderationen bekräftigen soll[32].

All dies wird die Kommission und den EuGH freilich nicht davon abhalten, energisch und vor allem mit den Argumenten des Wettbewerbsrechts (Art. 81 und 82 EG) in die Regelungen und Aktionen der Sportverbände einzugreifen. Sportverbände sind marktmächtig und haben Monopolcharakter. Dies gilt insbesondere, wenn ihr Pyramidenaufbau nach dem sog. Ein-Platz-Prinzip – das von der Kommission weiterhin für legitim angesehen wird – organisiert ist. Im Grunde reduziert sich der vom EuGH akzeptierte Freiraum für die Verbände (entsprechend den Aussagen von *Mario Monti*)[33] auf die Förderung eines gewissen Gleichgewichts unter den Teilnehmern im Interesse ungewisser Spielausgänge sowie der Gewährleistung der Nachwuchsausbildung.

Ein anschauliches Gegenbeispiel war in der letzten Formel 1-Saison die „Stallorder“ von Ferrari[34], die in einem Rennen künstlich zum Sieg von *Rubens Barrichello*, im nächsten Rennen von *Michael Schumacher* führte. Inzwischen hat die FIA derartige Wettbewerbsverzerrungen verboten: „Team orders which interfere with the race results are prohibited“.

Als Verstoß gegen den Grundsatz sportlich fairen Wettbewerbs, dass Ergebnisse nicht manipuliert werden dürfen, wurde es im internationalen Fußball-Ligasport angesehen, wenn zwei oder mehrere am Wettbewerb teilnehmende Clubs ganz oder überwiegend im Eigentum eines Investors stehen. Dieser Streit entstand durch die gleichzeitige Teilnah-

---

31 Annex IV, Erklärung des EU-Rats von Nizza v. 7./9. 12. 2000, abzurufen unter: www.europa.eu.int/council/off/conclu/dec2000en.htm.

32 IOC Press release v. 17. 5. 2003, im Internet abzurufen unter: www.olympic.org/uk/news/media_centre/press_release.

33 Vgl. die Gesamtdarstellung der Kommission „Das Europäische Sportmodell“, Diskussionspapier der GDX von Ende 1998, abrufbar unter: www.europa.eu.int; Mario Monti, aaO, s.o., Fn. 29.

34 Monti, s.o., Fn. 29 (Beispiel 4).

me von AEK Athen und SK Slavia Prag am UEFA-Cup-Wettbewerb 1998/99; beide Clubs wurden (zusammen mit noch weiteren europäischen Fußballclubs) von dem englischen Großkonzern ENIC beherrscht. Die UEFA ließ diesen Streit durch Schiedsspruch des TAS vom 20. 8. 1999[35] entscheiden. Das Verbot des Mehrfacheigentums wurde bekräftigt, übrigens später ausdrücklich auch von EU-Kommissar *Mario Monti*[36].

Die zentrale Vermarktung von Fernsehrechten[37] insbesondere für Fußballwettbewerbe war und bleibt regelmäßig Gegenstand von Verfahren bei der Kommission, alsdann aber auch bei den Gerichten in Luxemburg. Dies betrifft sowohl den Verkauf solcher Rechte und deren Weitergabe und Verbreitung an andere, insbesondere freie Anstalten in den übrigen Mitgliedstaaten, als auch die gerechte Aufteilung der Einnahmen auf die einzelnen Ligamitglieder. Bekannt ist der Streit mit der UEFA über die Vermarktung der Champions League[38], sowie auch die Vermarktung der nationalen Fußballwettbewerbe in Deutschland durch den DFB bzw. inzwischen die DFL[39].

Hierbei hilft wenig der mit der 6. GWB-Novelle zum 1. 1. 1999 politisch durchgedrückte Ausnahmeparagraph des § 31 GWB, wonach § 1 GWB keine Anwendung auf die zentrale Vermarktung von Rechten an der Fernsehübertragung satzungsgemäß durchgeführter sportlicher Wettbewerbe durch Sportverbände finden soll, die in Erfüllung ihrer gesellschaftspolitischen Verantwortung auch der Förderung des Jugend- und Amateursports verpflichtet sind und dieser Verpflichtung durch eine angemessene Teilhabe an den Einnahmen aus der zentralen Vermarktung dieser Fernsehrechte Rechnung tragen.

Gleich zu Beginn hatte die Kommission klargestellt, dass dieser nationale Ausnahmeparagraph keinen Einfluss auf das vorrangige Gemeinschaftsrecht haben könne[40].

---

35 Arbitration CAS 98/200, Award v. 20. 8. 1999, Recueil des Sentences du TAS II 1998-2000, S. 38.

36 Monti, s.o., Fn. 29 (Beispiel 2).

37 Anders werden die Hörfunkrechte beurteilt, vgl. dazu Landgericht Hamburg, Urteil v. 26. 4. 2002 – 308 O 415/01 – SpuRt 2002, S. 2002, soeben v. Hanseatischen Oberlandesgericht bestätigt.

38 Ip/01/1043 v. 20. 7. 2001, www.europa.eu.int/rapid/start/egi/guesten.

39 Monti, s.o., Fn. 29 (Beispiel 6).

40 Langen/Bunte, § 31 GWB, Rn. 2, 3 und 32.

Das Gericht 1. Instanz in Luxemburg hat mit Urteil vom 8. Oktober 2002[41] eine Freistellungsentscheidung der Kommission zugunsten der Europäischen Rundfunk- und Fernsehunion (EBU) für nichtig erklärt und damit vier frei zu empfangenden Sendern in Frankreich, Spanien und Portugal Recht gegeben. Insbesondere versetzten die EBU-Vertragsregelungen die private Konkurrenz nicht in die Lage, Unterlizenzen für die nichtverwerteten Eurovisionsrechte für Direktübertragungen zu erwerben. Im Gegensatz zur Kommission war das Gericht noch strenger und erklärte das EBU-Vertragswerk für kartellrechtswidrig.

Insbesondere im Ligasport wird auch wegen weiterer kartellrechtlicher Befürchtungen darüber nachgedacht, wie Ligagesellschaften diesem beständigen Damokles-Schwert auf legale Weise entfliehen können. Der Bayreuther Kartellrechtsprofessor *Heermann* hat dies jüngst in einer Abhandlung mit dem Titel „Professionelle Sportligen auf der Flucht vor dem Kartellrecht“[42] abgehandelt, insbesondere mit einem Rechtsvergleich zu den völlig anders gelagerten Verhältnissen in den USA. Ein interessanter Ansatzpunkt ist hierbei der Versuch, Sportligen als „single entity“ zu gestalten oder nachträglich umzugestalten. Als Vorbild könnten die US-amerikanischen rein kommerziell geführten Profiligen dienen. Hier prallen jedoch zwei Systeme grundlegend aufeinander: Das „europäische Sportmodell“[43] mit seinem *klassischen Pyramidenaufbau* einerseits und das US-System mit den rein gesellschaftsrechtlich strukturierten Ligen andererseits, die keinen bei uns herkömmlichen Auf- und Abstieg kennen. Könnten solche Liga-Gesellschaften als einheitliche Unternehmen angesehen werden, gäbe es innerhalb dieser Unternehmen auch keinen Wettbewerb, der von der Kartellbehörde beanstandet werden könnte. In den USA selbst ist die Rechtsprechung hierzu unterschiedlich. Ersichtlich sind sich die Juristen dort nach wie vor nicht darüber einig, ob die Flucht aus dem Anti-Trust-Law funktioniert.

---

41 Urteil Métropole télévison SA (M6), Antena 3 de Televisión SA, Gestevisión Telecinco SA, SIC – Sociedade Independente de Comunicação SA/DSF und RTI gegen Kommission/Union européenne de radio-télévision (UER) und Radiotelevisión Española (RTVE) v. 8. 10. 2002, verb. Rechtssachen T-185/00, T-216/00, T-299/00 und T-300/00.

42 RabelsZ Bd. 67 (2003), S. 106; ergänzt in seinem Aufsatz „Sport und europäisches Kartellrecht“, SpuRt 2003, 89.

43 Vgl. oben Fn. 32.

In Europa widerspricht eine solche Betrachtungsweise von der „single entity" bislang den oben aufgezeigten Grundsätzen des Sports und den daraus abzuleitenden Ausnahmebereichen vom Recht, insbesondere vom Wettbewerbsrecht.

Pyramiden lassen sich indes national nur bauen und aufrecht erhalten, wo *genügend Basis* vorhanden ist. Schwierig ist dies in den kleinen und ganz kleinen Staaten Europas. Wie soll ein Land mit einer Bevölkerungszahl von weniger als derjenigen im Stadtstaat Hamburg – also z.B. Estland – oder das noch kleinere Luxemburg kommerziell attraktive Sportligen aufbauen ? Der Ruf nach *Gastrecht* in einem größeren Nachbarland wäre verständlich. Sonst bleibt nur der Quasi-Amateur-Status[44].

Immerhin hatte sich Estland in Gruppe 8 der Qualifikation zur Fußball-Europameisterschaft jüngst mit einem 2 : 0 gegen Andorra nach fünf Spielen auf Platz 2 hinter Bulgarien, aber noch vor Kroatien und Belgien gesetzt[45].

Die Globalisierung des Sports verlangt eine *Globalisierung des Sportrechts*, vertikal wie horizontal. Dabei mag die hehre Frage, ob Sport auch Kultur ist, ebenso trefflich weiter diskutiert werden, wie die klassische alt-europäische Frage auf WTO-Konferenzen nach der Kulturausnahme des Films[46] von den brutalen Marktregeln des Welthandels. Zweifellos wird auch hierzulande der Sport von seiner Professionalisierung und Kommerzialisierung beherrscht und unterliegt damit, wie jede andere wirtschaftliche Betätigung, den Regeln des Rechts.

Auf der anderen Seite sollte das Bild von der Pyramide im europäischen Sportrechtsmodell nicht in Vergessenheit geraten. Der in die Regionalliga abgestiegene Hamburger Fußballclub *FC St. Pauli* könnte ohne seine getreuen Fans nicht überleben. Aber Multikultur in der Zusammensetzung der Spieler ist nicht nur gemeinschaftsrechtlich geboten, sondern inzwischen akzeptierter „Kult". Der EuGH hat schon 1995 in seinem Urteil *Bosman*[47] ausgeführt,

---

44 Die vor einiger Zeit von Bayern München artikulierten Drohungen, man werde in die italienische Liga abwandern, waren ersichtlich nicht ernst gemeint.

45 Am 11. 6. 2003 folgte indes das 0 : 1 gegen Kroatien. In allen zehn Vorrundengruppen bilden die kleinen Nationen das Schlusslicht, leider nun auch die Färöer.

46 Zuletzt: Speech/03/244 der EU-Kommissarin Viviane Reding v. 15. 5. 2003 auf dem Festival de Cannes, abzurufen unter: europa.eu.int/rapid/start/cgi/guesten.

47 Vgl. oben Fn. 12.

„[...]dass die Bindung eines Fußballvereins an den Mitgliedstaat, in dem er ansässig ist, nicht als mit der sportlichen Tätigkeit notwendig verbunden angesehen werden kann, ebenso wenig, wie dies auf die Bindung dieses Vereins an sein Stadtviertel, seine Stadt oder seine Region zutrifft. Obwohl sich nämlich bei den nationalen Meisterschaften Vereine aus verschiedenen Regionen, Städten oder Stadtvierteln gegenüber stehen, wird das Recht der Vereine, bei diesen Begegnungen Spieler aus anderen Regionen, Städten oder Stadtvierteln aufzustellen, durch keine Regel eingeschränkt. Im Übrigen ist bei internationalen Wettkämpfen die Teilnahme solchen Vereinen vorbehalten, die in ihren Heimatländern bestimmte sportliche Ergebnisse erzielt haben, ohne dass die Staatsangehörigkeit ihrer Spieler eine besondere Rolle spielt."

Dem nicht nur sangesfreudigen, sondern auch sportbegeisterten Estland wünsche ich eine harmonische Aufnahme in die europäische Sport-Pyramide.

JULIA LAFFRANQUE, LL.M. (MÜNSTER)*, TALLINN (REVAL)

Estlands Grundgesetz und der EU-Beitritt[1]

INHALT

Die Verfassung der wieder selbständigen Republik Estland (*põhiseadus* = wörtwörtlich übersetzt Grundgesetz)[2] feierte im vorigen Jahr ihren zehnten Geburtstag. Bemerkenswert ist, dass die Verfassung im ersten Jahrzehnt völlig unverändert geblieben ist. Einerseits kann dies bedeuten, dass das Grundgesetz so stabil, grundlegend und gleichzeitig zukunftsbewusst verfasst wurde, dass Veränderungen einfach unnötig waren. Andererseits könnte man daraus entnehmen, dass von der Verfassung nicht genug Gebrauch gemacht wurde oder dass die Artikel der Verfassung zu umstritten sind oder dass die Veränderungen ein so kompliziertes Verfahren verlangen, dass ein politisches Einverständnis über die Verfassungsänderungen einfach gefehlt hat.

Eine Ausnahme stellt jedoch die von dem estnischen Parlament (*Riigikogu*) verabschidete Äänderung der Verfassung vom 25. Februar 2003 dar, die die Dauer der Wahlperiode der Munizipalwahl von drei auf vier Jahre angehoben hat. Diese Veränderung wird allerdings erst am 17. Oktober 2005 in Kraft treten.[3]

---

* Die Autorin ist Vize-Kanzlerin für Rechtsschöpfung im Justizministerium der Republik Estland, Doktorandin an der Universität Tartu (Dorpat) und Autorin eines estnischen Lehrbuchs zum Europarecht.

1 Der Artikel vertritt nur die persönliche Ansichten der Autorin und nicht die der estnischen Administration.

2 Deshalb seien hier die beiden Begriffe – „Estnische Verfassung" und „Estnisches Grundgesetz" abwechselnd benutzt, wobei darunter das Gleiche gemeint ist.

3 RT (Riigi Teataja = Estnisches Gesetzblatt) I 2003, 29, 174.

Seit dem 28. Juni 1992, dem Tag, an dem die Verfassung in einer freien Entscheidung vom estnischen Volk beschlossen wurde, hat sich in Europa und in Estland Vieles geändert. Inzwischen ist die Europäische Union durch das Inkrafttreten des Vertrags von Maastricht im November 1993 entstanden, mit der die politische und wirtschaftliche Entwicklung der estnischen Republik eng verbunden ist. 1995 hat Estland einen Antrag auf Mitgliedschaft in der EU gestellt. Drei Jahre später ist das Europa-Abkommen[4] in Kraft getreten, und die Beitrittsverhandlungen mit Estland wurden eröffnet,[5] die am 16. April 2003 in Athen ihre Kulmination durch das Unterschreiben des Beitrittvertrags gefunden haben.[6] Zu fragen war im Rahmen dieser Veränderungen: Wie steht die gleich nach der Wiedererlangung der Unabhängigkeit beschlossene Verfassung zum Beitritt Estlands zur Europäischen Union? Reicht die geltende Fassung des estnischen Grundgesetzes für die Europäisierung oder braucht man dazu eine stärkere Legitimation?

Am 18. Dezember 2002 hat der Riigikogu auf diese Frage mit dem Beschluss über die Ergänzung der Verfassung eine Antwort gegeben. Im Folgenden wird untersucht, warum die Veränderung (Ergänzung) der Verfassung notwendig gewesen ist (1) und warum ausgerechnet diese Art der Verfassungsänderung gewählt worden ist (2). Danach wird eine kurze Textanalyse der Verfassungsänderung gegeben (3), und schliesslich wird auf die weiteren Schritte der Volksabstimmung und deren mögliche Folgen eingegangen (4).

1. Die Notwendigkeit der Veränderung der estnischen Verfassung im Hinblick auf Estlands Beitritt zur Europäischen Union

Im Mai 1996 wurde ein Ausschuss für die juristische Expertise der estnischen Verfassung gebildet mit der Aufgabe, eine Verfassungsrevision

---

4 Europa-Abkommen zur Gründung einer Assoziation zwischen den Europäischen Gemeinschaften und ihren Mitgliedstaaten einerseits und der Republik Estland andererseits – unterzeichnet am 12. 6. 1995, in Kraft getreten am 1. 2. 1998, ABl. L 68 9.03.1998 S. 3-198; in Estland: RT II 1995, 22-27,120.

5 Überblick von den Beitrittsverhandlungen auf Englisch siehe Außenministerium der Republik Estland: http//www.mfa.ee/euro/English/ – Accession negotiations (Stand April 2001).

6 Text des Beitrittsvertrags auf Estnisch: http://www.vm.ee (Stand: 1. 5. 2003) und http://euro.delfi.ee (Stand: 16. 6. 2003).

vorzubereiten. Der Auschuss setzte sich aus neun Mitgliedern, darunter der damaligen Justizminister, der gleichzeitig der Vorsitzende des Ausschusses war, Richter des Staatsgerichsthofs, der Rechtskanzler, Rechstanwälte, Berater und Professoren, zusammen und wurde durch Arbeitsgruppen unterstützt. Unter anderem wurden zwei Jahre später als Endergebnis der Expertise mögliche Verfassungsveränderungen für die Legitimierung des Beitritts Estlands zur EU vorgeschalgen. Leider sind dem Anruf des Ausschusses, eine umfassende Diskussion über die Vorschläge zu führen, nur Wenige gefolgt.

Erwähnenswert sind in diesem Zusammenhang zwei wichtige Seminare – ein im Dezember 1999 vom estnischen Parlament (*Riigikogu*) veranstaltetes Seminar über die Verfassungsänderungen im Allgemeinen, wo die EU nur einen Teil der Veranstaltung einnahm, und ein Jahr später ein vom Justizministerium organisiertes Seminar zu möglichen Verfassungsänderungen im Hinblick auf Estlands Beitritt zur EU. An diesem Seminar haben *Wolfgang Heyde*, Ministerialdirektor (BMJ) a.D. aus Bonn, und Professor *Bertrand Mathieu* von der Univesität Sorbonne-Paris I die Erfahrungen der zwei Mitgliedstaaten der EU – Deutschland und Frankreich – und die entsprechende Rechtsprechung erläutert. Dem Seminar ist eine weitere Diskussion gefolgt, in welcher sich die skeptisch eingestellten Gegner der EU auf das estnische Grundgesetz, insbesondere Art. 1 der Verfassung berufen und den Beitritt Estlands in die EU nach der geltenden Verfassung ausgeschlossen haben. Gemäß Art. 1 der Verfassung ist Estland eine selbständige und unabhängige demokratische Republik, in der alle Staatsgewalt vom Volke aus geht. Der zweite Absatz bestätigt, dass die Selbständigkeit und Unabhängigkeit Estlands zeitlos und unveräusserlich ist. Der Grundsatz der Volkssouveränität betont v.a. die Rolle des estnischen Volks als Träger und Quelle der Staatsgewalt.[7] Diese ziemlich kategorische Formulierung ist lange Zeit in der estnischen juristischen Literatur Gegenstand unterschiedlicher Auslegungen gewesen, obwohl im Ganzen das Thema in der Literatur leider relativ wenig Widerhall gefunden hat.

Der Ausschuss für die juristische Expertise der Verfassung hat gefunden, dass in der internationalen Rechtsprechung die Begriffe „Unabhängigkeit" und „Souveränität" öfters gleichgesetzt sind, weswegen kein Grund für die Annahme besteht, dass die Bedeutung des Art. 1 der estnischen Verfassung von dem in den Verfassungen anderer Staaten benutzten Be-

---

7 *K. Merusk/R.Narits*, Eesti konstitutsiooniõigusest, Tallinn 1998, S. 22.

Begriff der „Souveränität" abweicht.[8] Immerhin ging der Ausschuss für die juristische Expertise der estnischen Verfassung von der Auslegung der eben genannten Begriffe aus, die selbst aus der Zeit vor dem Zweiten Weltkriegt datiert[9], und zog die Schlussfolgerung, wonach die Europäische Union keine Gefahr für die Selbständigkeit Estlands darstellt, jedoch die Unabhängigkeit der Republik antastet.

Die Doktorandin am Europäischen Hochschulinstitut *Anneli Albi* empfahl aber in ihrem Artikel in der estnischen Juristenzeitschrift „Juridica", die Überlegungen des Ausschusses zu revidieren und meinte, dass die Auslegung der estnischen Verfassung unter der Berücksichtigung der heutigen Ziele der Republik, d.h. dynamisch und nicht historisch-statisch sein soll.[10] Gemäß der letzteren Auslegung war das Ziel des Art. 1 die Unabhängigkeit Estlands von Russland – den Nachfolger der Jahrzehnten in Estland Okupationsmacht ausgeübten Sowjetunion. Im Jahre 1992 wollte man v.a. die Selbständigkeit und Unabhängigkeit sichern, ohne konkret an die Europäische Integration zu denken. Die Zeiten haben sich aber geändert und nun ist die außenpolitische Priorität Estlands der EU-Beitritt geworden.

Die Wirklichkeit ist jedoch niemals schwarz/weiß und deswegen kann man auch nicht ohne Weiteres die historisch-statische Auslegung der dynamischen vorziehen – und umgekehrt. Natürlich ist der Text der Verfassung die Grundlage ihrer Auslegung, setzt aber selbst auch die Grenzen der Interpretation. In der Theorie legt man das Grundgesetz genau so aus wie jedes andere Gesetz, aber es hängt natürlich von dem Subjekt ab, das die Verfassung auslegt, ebensowie von der Verbindlichkeit einer solchen Auslegung.[11] In Estland können alle Anwender der Verfassung sie auch auslegen, einen besonderen Wert hat aber die Auslegung des Obersten Gerichtshofs – des Staatsgerichsthofs (*Riigikohus*), insbesondere wenn die Verfassungskammer die Verfassungsmäßigkeits-

---

8 Die Ergebnisse des Ausschusses sind auf Estnisch unter der Adresse: http//www.just.ee – Õigusloome erreichbar (Stand April, 2001).

9 Die Auslegung der Begriffe Selbständigkeit und Unabhängigkeit von dem estnischen Rechtswissenschaftler *Artur Tõeleid Kliimann* aus den 30er Jahren.

10 *A. Albi*, Euroliit ja kaasaegne suveräänsus. Üks võimalikke vastukajasid põhiseaduse ekspertiisikomisjoni üleskutsele aruteluks, Juridica 2000 nr 3, S. 160-171.

11 *R. Narits*, Tõlgendamisest Kontinentaal-Euroopa õiguskultuuris, in der Sammlung: Euroopa Nõukogu, Riigikohus, Seminari konstitutsioonikohtute organisatsioon ja tegevus ettekanded, Tartu: Atlex, 1995, S. 46.

kontrolle ausübt.[12] In seiner Rechtsprechung geht der Staatsgerichtshof beim Auffinden der allgemeinen Rechtsgrundsätze und bei der Auslegung des Rechts von den allgemein anerkannten Grundsätzen und Regeln des Völkerrechts sowie von den Rechtsgrundsätzen der Europäischen Union aus.[13] Gleichzeitig schreibt der Staatsgerichtshof der Präambel der estnischen Verfassung einen Auslegungswert zu.[14] Die Präambel der Verfassung, die die staatliche Selbstbestimmung und Eigenständigkeit des estnischen Volks betont, wurde auch von dem Expertise-Ausschuss behandelt, jedoch wurde die Notwendigkeit, wegen des EU-Beitritts die Präambel zu verändern, verneint.

Aus dem oben Geschilderten ergibt sich, dass im globalen Zeitalter von heute die internationale Zusammenarbeit als Teil der Ausübung der Souveränität verstanden werden kann, dennoch ist es sehr schwierig, zwischen der Integrationsorganisation und der Abgabe der Ausübung der Souveränität eine Grenze zu ziehen. Man muss sich an den Gedanken gewöhnen, die Verfassung gemäß der heutigen Lage in Europa auszulegen. Die Illusionen von einem Nationalstaat in Estland sind zwecklos, wenn überall in Europa von dem „Abschied vom Nationalstaat", vom „Ende der Demokratie" oder sogar vom „Absterben des nationalen Staates" gesprochen wird.[15]

Dennoch findet die breite und dynamische Auslegung der estnischen Verfassung ihre Grenze in der Auffassung des estnischen Volks. Wenn nach der Meinung des Volks z.B. Finnland und Frankreich trotz der Angehörigkeit zur EU souveräne Staaten sind, kann man auch beim Beitritt Estlands zur EU nicht über die Abgabe der ganzen Staatsgewalt an die supranationale Organisation sprechen, sondern es kann nur von einer Delegation eines Teils der souveränen Hoheitskompetenzen an die EU die Rede sein. Das heißt, die Verfassung sollte man über den Wortlaut

---

12 Siehe § 2 des Gesetzes v. 5. 5. 1993 über die Verfassungsmäßigkeitskontrolle – Põhiseaduslikkuse järelevale kohtumenetluse seadus = PSJVKMS, RT I 1993, 25, 435.

13 S. die Entscheidung des Staatsgerichtshofs (StGh) v. 30. 9. 1994, wonach „bei der Gestaltung der allgemeinen Rechtsgrundsätze des estnischen Rechts neben der estnischen Verfassung auch die vom Europarat und von den Organen der EU entwickelten allgemeinen Rechtsgrundsätze zu berücksichtigen sind" (und dies sogar bevor Estland Mitglied der EU ist!) StGh, Rs III-4/A-5/94.

14 S. z.B. das Urteil des StGh v. 4. 11. 1998, Rs III-4-1-7-98, RT I 1998, 98/99, 1618.

15 S. *E. Denninger*, Vom Ende nationaalstaatlicher Souveränität in Europa, Juristenzeitung, 2000, S. 1121-1126, besonders S. 1122.

hinaus unter Berücksichtigung der aktuellen sozialen Realität und der hinter dem Verfassungstext stehenden Grundwerte auslegen. Die Unabhängigkeit ist kein rein juristischer Begriff, sondern verlangt auch eine politische Auslegung. Ohne zu prüfen, ob die breite und dynamische Interpretation ausreichend ist, um die Verfassungsänderungen zu vermeiden, sollte man vertiefend analysieren, ob das geltende Grundgesetz im Einklang mit der Natur und den Grundsätze der EU ist. Das verlangte auch die Auslegungsmaxime, wonach im Zweifel die verschiedene Normen der Verfassung in ihrem Zusammenhang interpretiert werden.

Wie allgemein bekannt, stellen die grundlegenden Verträge der Gemeinschaften: der EGKS Vertrag[16]; der EURATOM-Vertrag[17], EG-Vertrag sowie der Vertrag über die EU[18] ganz normale völkerrechtliche Verträge dar.

Gleichzeitig hat sich die EU zu einer Integrationsorganisation entwickelt, die in der ersten Säule eine eigene Rechtsordnung mit eigenen Zielen und Perspektiven – *sui generis* – geschaffen hat.[19] Die Staaten übertragen in gewissem Umfang ihre Hoheitsrechten auf die Europäischen Gemeinschaften, wodurch das Gemeinschaftsrecht u.U. Vorrang vor dem nationalen Recht hat und unmittelbar anwendbar ist.[20] Diese neue Rechtsordnung charakterisiert am besten die heutige Natur der Europäischen Union, z.B. die Entscheidungen, die mit der qualifizierten Merheit beschlossen werden. Im Prinzip sollte es keine Konflikte zwischen der nationalen Verfassung und dem Europarecht i.e.S. geben. Wenn das trotzdem der Fall ist, findet gemäß EuGH das Gemeinschaftsrecht Anwendung.[21] Eigentlich sollte man das Gemeinschaftsrecht nicht als in der Hierarchie der Normen am obersten Rang stehendes Recht, sondern als parallele autonome Rechtsordnung betrachten, die mit dem

---

16 Auf Deutsch: Bundesgesetzblatt II Nr. 7 v. 6. 5. 1952 S. 447.

17 Bundesgesetzblatt II Nr. 23 v. 19.8. 1957 S. 1014. Auf Estnisch im Internet unter: http://www.legaltext.ee (Stand April 2001).

18 BGBl. II Nr 23 v. 19. 8. 1957 S. 766; ABl. C 191 v. 29. 7. 1992 S. 1; auf Estnisch beide in: Amsterdami leping, konsolideeritud lepingud, Tallinn, 1998.

19 EuGH, Rs.6/64, Slg.1964, S. 1251 – Costa/ENEL: „Im Unterschied zu gewöhnlichen internationalen Verträgen hat der EWG-Vertrag eine eigene Rechtsordnung geschaffen, die bei seinem Inkrafttreten in die Rechtsordnungen der Mitgliedstaaten aufgenommen worden und von ihren Gerichten anzuwenden ist." (Rn. 8).

20 EuGH, Rs. 26/62, Slg. 1963, S. 1 – van Gend & Loos; EuGH, Rs.6/64, Slg. 1964, S. 1251 – Costa/ENEL.

21 EuGH, Rs. 11/70, Slg. 1970, S. 1125 – Internationale Handelsgesellschaft.

nationalen Recht durch die Legitimation und entsprechende Artikel in der Verfassung verbunden ist. Diese „Europa-Artikel" der nationalen Verfassungen der Mitgliedstaaten ermöglichen die Übertragung der Hoheitsrechte. Mitgliedstaatlich wird es unterschiedlich geregelt.

Da es in der estnischen Verfassung Artikel gibt wie z. B. Art. 1, 3, 29, 31, 48, 59, 111[22] – die man ohne Weiteres nicht von Anfang an gemeinschaftsrechtkonform auslegen kann, war die Möglichkeit, dass es keinen Widerspruch zwischen estnischem Recht und Gemeinschaftsrecht gibt, nicht ausgeschlossen und deswegen reichte auch die oben geschilderte dynamische Auslegung der Verfassung nicht aus, um eine notwendige Legitimation des Beitritts von Estland zur EU zu begründen. Z. B. gemäß Art. 3 Abs. 1 der estnischen Verfassung wird die Staatsgewalt nur aufgrund des Grundgesetzes und der Gesetze, die mit der Verfassung im Einklang sind, ausgeübt. Das heißt, dass die für Estland verbindlichen Gesetze vom estnischen Gesetzgeber und nicht in Brüssel gegeben werden. Die Verordnungen der EG werden in das estnische Recht ggf. durch die Anpassung der estnischen Rechtsakte übernommen und entfalten in Estland keine unmittelbare Wirkung. Im Fall des EU Beitritts müssen aber die EU- Verordnungen, die „EU-Gesetze" darstellen, für den Mitgliedstaat Estland ebenfalls unmittelbar verbindlich sein. Daraus folgt, dass die Veränderung des Grundsatzes in Art. 3 Abs. 1 der estnischen

---

22 **Art. 1** – Estland ist eine selbständige und unabhängige Republik, in der der Träger der obersten Staatsgewalt das Volk ist. Die Selbständigkeit und Unabhängigkeit sind zeitlos und verbrieft.
Art. 3 – Alle Staatsgewalt wird nur von der Verfassung und damit übereinstimmenden Gesetzen ausgeübt.
Art. 29 – Der estnische Bürger hat das Recht, Betätigung, Beruf und Arbeitsplatz frei zu wählen. /.../ Wenn das Gesetz nichts anderes regelt, haben dieses Recht wie der estnische Bürger auch der ausländische Bürger oder die Person ohne Staatsangehörigkeit.
Art. 31 – Der estnische Bürger hat das Recht, sich unternehmerisch zu betätigen und sich zu gewinnbringenden Vereinen und Verbänden zusammenschließen. /.../ Wenn das Gesetz nichts anderes regelt, gilt dieses Recht auch für Ausländer und Bürger ohne Staatsangehörigkeit.
Art. 48 – Jeder hat das Recht, sich zu Non-Profit-Vereinen und -Verbänden zusammenzuschließen. Den Parteien dürfen nur estnische Bürger angehören.
Art. 59 – Die gesetzgebende Gewalt wird von der Staatsversammlung (Riigikogu) ausgeübt.
Art. 111 – Das Alleinrecht der Emission der estnischen Währung hat die Estnische Bank.

Verfassung eine Voraussetzung des EU-Beitritts Estlands darstellt und dass gewisse Ergänzungen der Verfassung für eine ausreichende Legitimation der Übertragung von Hoheitsrechten nötig sind.

2. Die Art und Weise der Verfassungsänderung – mögliche Begründung der ausgewählten Methode

Die Verfassungsergänzungen wegen des EU-Beitritts können zusammen mit anderen Verfassungsänderungen durchgeführt werden oder separat erfolgen. Das hängt selbstverständlich davon ab, ob die politische Parteien ein Einverständnis über die anderen möglichen Verfassungsänderungen, z.B. die Einführung einer Direktwahl des Präsidenten, finden oder nicht. Wenn die innenpolitischen Verfassungsänderungen ohne Lösungen bleiben, wäre es im Hinblick auf die Geschwindigkeit des Integrationsprozesses besser, die Verfassongsmodifizierungen im Zusammenhang mit dem EU-Beitritt von der restlichen Verfassungsrevision zu trennen. Aus diesen Gründen wurden tatsächlich die Veränderungen geteilt, so dass das Volk zumindest zuerst nur über die Veränderungen wegen des möglichen EU-Beitritts entscheidet.

Es gibt sicherlich viele verschiedene Möglichkeiten, die Verfassung wegen der EU-Mitgliedschaft zu ändern. Einige davon wurden auch mehr oder weniger in Estland in Betracht genommen. So kann man bei der Verfassungsänderung konkret von der Europäischen Union sprechen oder die völkerrechtliche Beziehungen generell regeln – Letzteres scheint jedoch dem heutigen Stand und der Natur der EU nicht mehr zu entsprechen.

Man kann konkret alle Artikeln der Verfassung modifizieren, die der Natur und den Funktionen der EU widersprechen – diese Lösung zu verwirklichen hätte aber nicht nur viel Zeit in Anspruch genommen, sondern auch die Stabilität der Verfassung in die Gefahr gezogen. Außerdem wäre sie psychologisch für das Volk zu kategorisch gewesen. Ferner bestand die Gefahr des Auseinanderdriftens von estnischer Verfassung und dem Europarecht. Einem Kandidatenstaat der EU Verfassungsänderungen vorzuschlagen, die den Vorrang und unmittelbare Anwendbarkeit des Gemeinschaftsrechts bereits in der Verfassung festlegen, d.h. Regelungen vorzuschlagen, die noch nicht einmal die Verfassungen der Mitgliedstaaten beinhalten, hat man ebenfalls zu Recht abgelehnt. Man kann nur einige Artikeln modifizieren und die übrigen Regeln der Verfassung im Zusammenhang mit dem Europa-Artikel integrationsbewusst auslegen. Zu dieser Möglichkeit gehört auch ein eventuelles Europa-Kapitel – diese beiden Lösungen waren m.E. ziemlich ernst zu nehmende Alternativen zur letztendlich gewählten Lösung, hätten aber eine Änderung des Verfassungstextes vorgesehen.

So schlug der Expertise-Ausschuss, beeinflusst u.a. von Art. 23 des deutschen Grundgesetzes, zunächst Folgendes vor: „Estland kann der EU auf der Grundlage einer Volksabstimmung nach Maßgabe des Art. 123 des Grundgesetzes beitreten" (Art. 1 Abs. 3). Und der neue Artikel im Kapitel IX – Internationale Beziehungen und völkerrechtliche Verträge lautet:

> „Auf der Grundlage von Gegenseitigkeit und Gleichheit kann Estland den Einrichtungen der Europäischen Union zu ihrer gemeinsamen Verwirklichung Hoheitsrechte übertragen, wenn dies zur Anwendung der EU-Verträge notwendig ist, unter der Bedingung, dass damit die in der Präambel des Grundgesetzes festgelegten Grundlagen und Aufgaben der estnischen Eigenstaatlichkeit nicht in Frage gestellt werden.
> Die Regierung informiert das Parlament umfassend und zum frühestmöglichen Zeitpunkt über die Fragen der Europäischen Union und berücksichtigt in ihrer Mitwirkung an den Rechtsetzungsakten der EU die Stellungnahmen des Parlaments. Das Nähere wird nach der Mitgliedschaft der Republik Estland in der EU durch ein Gesetz geregelt."

Ein wichtigerer Grund für die Verfassungsänderungen als die Unantastbarkeit der estnischen Unabhängigkeit, die man eventuell wie oben geprüft dynamisch und zeitgenössisch auslegen kann, waren jedoch einerseits die Tatsache, dass es in der estnischen Verfassung bis jetzt überhaupt keinen Artikel gibt, der die Ausübung der Hoheitsrechte auf internationaler Ebene erlauben würde, sowie andererseits die o.g. Notwendigkeit, Art. 3 Abs. 1 der Verfassung oder zumindest seine Auslegung zu ergänzen. Das Letztere schrieb vor auch die prozessuelle Lösung der Verfassungsänderung, denn gemäß Art. 162 der Verfassung kann man das erste Kapitel der Verfassung, darunter Art. 3 Abs. 1, nur im Rahmen einer Volksabstimmung ändern.

Man kann für diese Verfassungsänderung aber auch einen ziemlich lakonischen Wortlaut verwenden und nur auf das Zustimmungsgesetz des Beitrittvertrags hinweisen – eine ähnliche Lösung wurde letztendlich ausgewählt, jedoch im Rahmen einer speziellen zusätzlichen „verfassungsrechtlichen Akte" zur Verfassung über die Anwendung der Verfassung, womit der Text der Verfassung selbst unverändert geblieben ist.

Der Erfolg der inhaltlichen Veränderungen des Grundgesetzes hängt davon ab, ob auch prozessual die beste Lösung zur Verfassungsergänzung gefunden wird. Die Änderung der estnischen Verfassung wird im XV. Abschnitt der estnischen Verfassung geregelt. Danach kann sie nur auf Initiative des Präsidenten oder 1/5 der Mitglieder (mindestens 21 Mitglieder von 101) des estnischen Parlaments folgen.[23] Das verfassungsändernde Gesetz kann aber nur entweder durch einen Volksentscheid oder, nach Zustimmung von zwei aufeinanderfolgenden Zusammensetzungen vom Parlament, als eilbedürftig auch von einer 4/5-Mehrheit der Mitglieder des Parlaments beschlossen werden. Die Kapitel I (Allgemeine Vorschriften) und XV (Verfassungsänderung) der estnischen Verfassung können aber auf Initiative des Präsidenten oder 1/5 des Parlaments nur durch einen Volksentscheid beschlossen werden. Der Prozess der Verfassungsänderung ist somit kompliziert und zeitraubend, was aber aus Gründen der Stabilität und Wahrung der Verfassung berechtigt ist.

Am Ende sind beide – prozessuelle und inhaltliche – Verfassungsänderungen eine Frage der politischen Entscheidung. Es war allerdings äußerst schwierig, die politischen und rechtlichen Begründungen unter einen Nenner zu bringen, v.a. weil in Estland bis zum Frühling 2002 eine politische Entscheidung fehlte, ob die Verfassungsänderungen vor dem EU-Beitritt überhaupt nötig sind und wenn ja, wie sie stattfinden sollten. Diese Verzögerung hat die Möglichkeiten, eine gründlichere Verfassungsänderung vorzubereiten, vermindert. Zumindest bestand relativ früh die politische Übereinstimmung darüber, dass das Volk durch einen Volksentscheid über den EU-Beitritt entscheiden sollte.[24]Die Regierung war sich der Herausforderung und des Risikos dieser Entscheidung bewusst. Gemäß Art. 106 der estnischen Verfassung ist jedoch keine Volksabstimmung hinsichtlich der Ratifizierung und Annullierung der völkerrechtlichen Verträge (Außenverträge) zu veranstalten. Das bedeutet, dass man den Beitrittsvertrag von Estland zur EU nicht als Gegenstand einer Volksabstimmung stellen kann. Man müsste dann entweder die ganze Grundgedanken des Art. 106 im Hinblick auf die völkerrecht-

23 Art. 161 der estnischen Verfassung.
24 Zeitung Eesti Päevaleht, 17. 3. 2001.

lichen Verträge, darunter den Beitrittsvertrag, ändern und nur beim Beitrittsvertag eine Ausnahme aus Art. 106 der Verfassung machen, oder Art. 106 gar nicht anwenden.

Es gab nämlich noch eine andere Möglichkeit – das Grundgesetz sieht in Art. 105 vor, dass das Parlament das Recht hat, eine Gesetzesvorlage oder eine andere wichtige Frage des Staatslebens der Volksabstimmung zuzuleiten. Der EU-Beitritt lässt sich sicherlich als wichtige Frage des Staatslebens einordnen. Trotz dem Wortlaut des Art. 105 Abs 3 ist die Verbindlichkeit einer solcher Volksabstimmung für die Staatsorgane insoweit unklar.[25] Also wurden die Politiker, aber auch die Juristen sich langsam einig, dass wegen des EU-Beitritts eine Volksabstimmung erfolgen sollte und dass auch die Verfassung verändert (ebenfalls durch eine Volksentscheidung) werden muss. Der damalige Justizminister *Märt Rask* hat im Frühjahr 2002 zur Lösung dieser Situation den Vorschlag gemacht, anstatt zwei Volksentscheidungen eine zu veranstalten und die möglichen Verfassungsänderungen durch Volksentscheid zu beschließen. In diesem Fall würde das Volk die Verfassungsänderungen, die den EU-Beitritt ermöglichen, entweder zustimmen oder ablehnen und dadurch auch seine Meinung über den EU-Beitritt bekannt geben. Der Vorschlag beruhte auf der Tatsache, dass man den Beschluss, der EU beizutreten, von den sich aus dem Beitrittsvertrag ergebenden Verpflichtungen nicht unterscheiden kann. Um die Letzteren zu erfüllen, muss man aber das Grundgesetz ändern.[26]

Am 16. Mai 2002 haben 74 Mitglieder der damaligen Riigikogu (inzwischen gab es Wahlen am 1. März 2003) die Gesetzesvorlage zur Verfassungsänderung eingebracht. Am 11. Juni 2002 folgte der erste Durchgang, am 12. November 2002 der zweite Durchgang und am 18. Dezember wurde der Beschluss über die Verfassungsänderung sowie über die Volksabstimmung von 88 der 101 Mitglieder verabschiedet. Ein Abgeordneter hat dagegen gestimmt, einer war nicht anwesend an der Stimmenabgabe.

---

25 S. auch *J. Frowein*, Report on Possible Amendments to the Constitution of Estonia of 1992, SIGMA Panel Review of the Estonian Constitution: September 1997, S. 10.

26 *M. Rask*, Kas muuta põhiseadust või mitte?, Postimees, 16. Januar 2002. Siehe auch *L. Hänni*, Jah, härra justiitsminister!, Postimees. 22. Januar 2002.

3. Eine mögliche Auslegung des Textes der Verfassungsänderung

Der Beschluss des Riigikogu hat nach vielen Diskussionen als Kompromiss folgenden Wortlaut bekommen:

> „Gesetz über die Ergänzung /Vervollständigung der Verfassung der Republik Estland
> Das estnische Volk hat in der Volksabstimmung am 14. September 2003 auf Grund des Art. 162 der Verfassung zur Ergänzung/ Vervollständigung der Verfassung der Republik Estland das folgende Gesetz angenommen:
> **Art. 1.** Estland kann den Grundsätzen der Verfassung der Republik Estland folgend der Europäischen Union angehören.
> **Art. 2.** Beim Angehören der Republik Estland zur Europäischen Union wird die Verfassung der Republik Estland unter Berücksichtigung der sich aus dem Beitrittsvertrag ergebenden Rechte und Pflichten angewandt.
> **Art. 3.** Das vorliegende Gesetz kann nur durch eine Volksabstimmung abgeändert werden.
> **Art. 4.** Das vorliegende Gesetz tritt drei Monate nach der Verkündigung in Kraft.

Obwohl der Titel des Gesetzes „Gesetz über die Vervollständigung der Verfassung der Republik Estland" lautet, wird der Text des geltenden Grundgesetzes selbst nicht geändert, sondern dank dem Vervollständigungsgesetz EU-rechtskonform ausgelegt.

Die Präambel des Gesetzes widerspiegelt die Natur, den Sinn und den Zweck der Verfassungsänderung durch sog. den drittrangigen (Verfassung, Einführungsgesetz zur Verfassung und jetzt die EU-Beitrittsveränderung) verfassungsrechtlichen Akt. Die Verweisung auf Art. 162 betont, dass das Veränderungsgesetz selbst später nur durch eine Volksabstimmung geändert werden kann. Dies wird nochmals im Art. 3 wiederholt. Diese Wiederholung ist rein juristisch gesehen eigentlich überflüssig, ist aber für die Bürger eine Klarstellung und verdeutlicht nochmals die Wichtigkeit des Veränderungs- bzw. Vervollständigungsgesetzes und die Notwendigkeit, die in diesem Gesetz und dadurch im Grundgesetz vervollständigte Prinzipien nur durch die Entscheidung der obersten Gewalt – des Volks – zu ändern.[27]

---

27 Siehe auch *J. Laffranque/ Ü. Madise/ K. Merusk/ J. Põld/ M. Rask*: Põhiseaduse täiendamise seaduse eelnõust. Juridica 2002, Nr. 8, S. 563 ff.

Der Text des ersten Artikels ist auf den Vorschlag des Rechtskanzlers *Allar Jõks* zurückzuführen. Hiernach sollte Estland die in der estnischen Verfassung niedergelegten Grundsätze auch in der EU respektieren und umgekehrt sollte die EU, der Estland beitreten möchte, diesen Grundsätzen entsprechen (folgend dem Beispiel der „EU-Staatszielbestimmungen" des Art. 23 des deutschen Grundgesetzets). Der Verfassungsausschuss des Riigikogu hat den Vorschlag des Rechtskanzlers jedoch nicht völlig aufgenommen und stattdessen die Grundprinzipien, die sich in der Präambel und im ersten Abschnitt, insbesondere im Art. 10 der estnischen Verfassung befinden, nicht wiederholt, sondern nur auf die Grundprinzipien/Grundsätze verwiesen.

Art. 2 des Vervollständigunggesetzes regelt das Verhältnis zwischen dem EU Recht und dem estnischen Recht sowie die Anwendung der Verfassung im Verhältnis zu den Instituitionen und Bürgern der EU, aber auch die unmittelbare Anwendung des EU Rechts in Estland, das unmittelbare Wirkung hat. Dieser Artikel umfasst die aus dem Beitrittsvertrag entstandenen Rechte und Pflichten und verpflichtet Estland, das EU-Recht in dem im Beitrittsvertrag geregelten Umfang einzuhalten. Symbolisch gesehen stellt Art. 2 des Vervollständigungsgesetzes eine Brücke zwischen dem Europarecht und dem estnischen Recht bzw. den Gründungsverträgen der EU und der estnischen Verfassung mit dem Hinweis auf dem Beitrittsvertrag dar. Hierbei soll auf die Verhandlungen im estnischen Parlament zurückgegriffen werden, wobei gemäß dem damaligen Abgeordneten *Nutt* das Vervollständigungsgesetz nur den Zeitpunkt, in dem sich die EU gemäß dem Beitrittsvertrag findet, widerspiegelt, d.h. weitere Ergänzungen der grundgesetzlichen Grundlagen der EU auch weitere Ergänzungen der estnischen Verfassung nicht ausschließen.[28] Dies würde also spätere Verfassungsänderungen bereits während Estlands Mitgliedschaft in der EU nicht ausschließen, wenn die Entwicklung der Union dies verursachen würde.

Art. 3 wurde bereits geschildert, Art. 4 des Vervollständigunggesetzes folgt aus Art. 167 der estnischen Verfassung, der eine spezielle Regelung für das Inkrafttreten des Verfassungsänderung vorsieht, weil eine generelle Regelung für das Inkrafttreten der Verfassungsänderungen fehlt. Gemäß Art. 167 der Verfassung verkündet der Präsident der Repu-

28 Siehe *M. Nutt*: http://www.riigikogu.ee/ems/stenograms/2002/12/t02121812-05.html (Stand Dezember 2002).

blik das Veränderungsgesetz der Verfassung, und dies geschieht in der im Gesetz selbst vorgesehenen Frist, jedoch nicht früher als drei Monate nach der Verkündigung.

Die Beziehungen zwischen der Regierung und dem Parlament in Angelegenheiten der EU, die ebenfalls eine Regelung benötigen, werden nach der Ansicht der das Veränderungsgesetz vorbereitenden Juristen und Politiker nicht wie z.B. in Deutschland oder in Art. 88-4 der französischer Verfassung[29] auf Verfassungsebene, sondern auf Gesetzesebene geregelt.

4. Weitere Schritte zur Volksabstimmung und ihre Folgen

Gemäß dem Beschluss des Riigikogu vom 18. 12. 2002 wird auf dem Zettel der Volksentscheidung zusammen mit dem Text des Verfassungsveränderungs- bzw. Vervollständigungsgesetzes die folgende Frage mit den Antwortmöglichkeiten „Ja“ und „Nein“ abgedruckt:

> „Sind Sie für den Beitritt zur EU und die Verabschiedung des Gesetzes zur Verfassungsänderung (Vervollständigung)?“

Diese Fragestellung und v.a. ihr schwerfälliger Wortlaut wurden heftig diskutiert und kritisiert, und zwar sowohl außerhalb als auch innerhalb des Parlaments, jedoch ist die Frage als Kompromiss so konstruiert worden, denn die andere Alternative wäre gewesen, zwei Fragen zu stellen: „Sind Sie für den EU-Beitritt?“ und „Sind Sie für die Verfassungsveränderung?“ Die Abgeordneten wollten unbedingt die Frage nach dem EU-Beitritt einbeziehen, da ausgerechnet der Beitritt vom Volk entschieden werden muss und deshalb die jursitisch korrekte Frage nur über die Verfassungsänderung, die gleichzeitig auch ein Ja zur EU bedeuten würde, nicht „populär“ und für das Volk verständlich genug sei.

Andererseits musste man aber, wie bereits oben erklärt, auch über die Verfassungsveränderung das Volk fragen. Die zwei Fragen hätten aber die Situation unnötigerweise kompliziert, wenn z.B. auf die erste Frage über den EU-Beitritt eine Zustimmung da wäre, die Verfassungsänderung aber verneint worden wäre, hätte Estland nicht als Rechtsstaat

29 Französische Verfassung: http://www.conseil-constitutionnel.fr/textes/const.rtf (Stand: April 2001).

der EU beitreten können, denn ohne Verfassungsänderung wäre es nicht möglich gewesen, es sei denn, dass eine neue Verfassungsänderung, die aber Zeit verlangt hätte, ausgearbeitet würde und die zweite Frage wiederholt werden würde. Wenn aber z. B. das Volk zum EU Beitritt nein gesagt, die Verfassungsänderung aber befürwortet hätte, wäre der Ausgang noch absurder gewesen, denn ohne ein Ja zum EU-Beitritt macht es keinen Sinn, die Verfassung zu ändern. Aus diesen Gründen ist aus zwei Fragen eine zweiteilige Frage geworden, die eigentlich unzertrennlich ist und der Logik folgt, dass die Antworten auf beide Teile gleich sein sollen und dass der EU Beitritt das Ziel und die Verfassungsänderung das Mittel zur Zielerreichung darstellt.

Am 14. September bekommt also das estnische Volk in der Frage der Zukunft der Repulik Estland in der EU das letzte Wort. Es ist ein vielbedeutender Schritt, erstens weil es die Zukunft Estlands entscheidet, zweitens weil in Estland vor dem II. Weltkrieg fünf und nach der Wiedererlangung der Unabhängigkeit nur zwei (eine davon war ausgerechnet über die Unabhängigkeit, und beim letzten Volksentscheid am 28. Juni 1992 wurde die geltende Verfassung verabschiedet) Volksentscheidungen durchgeführt worden sind, drittens weil bisher die Verfassung Estlands kaum verändert worden ist.

Obwohl alle im Jahr 2004 auf den EU-Beitritt wartenden Beitrittsländer (mit Ausnahme von Zypern, wo kein Volksentscheid stattfindet) außer Lettland (in Lettland folgt die Volksabstimmung am 20. September 2003) bereits ihre Entscheidung (in allen acht gegenüber EU-Beitritt positiv) getroffen haben, wurde das Datum 14. September vom estnischen Parlament sorgfältig ausgwählt (am selben Tag entscheidet das schwedische Volk übrigens über die Einführung des Euro!). Vor dem Stattfinden eines Volksentscheids sollten nämlich die Beitrittsverhandlungen in der Endphase und der Beitrittsvertrag unterschrieben sein, damit das Volk genau wüsste, unter welchen Bedingungen der Beitritt erfolgt und welcher Union Estland beitreten wird. Wenn zwischen dem Volksentscheid und dem Beitritt eine zu große Zeitspanne bleibt, könnte sich ergeben, dass inzwischen aus der Europäischen Union eine Europäische Föderation geworden ist, das estnische Volk sich aber bereit erklärt hat, der Union in ihrem Entwicklungsstand vom 2003 beizutreten.

Eine Volksabstimmung verlangt außerdem eine sehr gründliche Vorbereitung, man muss nicht nur entscheiden, welcher Zeitpunkt der optimale wäre – ob der Volksentscheid im Sommer oder Winter, zusammen mit anderen Wahlen oder eigenständig durchgeführt werden sollte, sondern auch psychologische Vorbereitungen leisten und objektive Information über die EU gewähren. Im September sind die Wähler vom Urlaub zurückgekehrt und haben hoffentlich auch viel Information über die EU und die Entscheidung erhalten. Die estnische Regierung hat außerdem entschieden, eine neutrale Werbung zu veranstalten, die die Aufmerksamkeit der Bürger für die Teilnahme an der Volksabstimmung gewinnen will. Der Präsident der Republik, die Parlamentspräsidentin und der Premierminister haben jedoch ihre positive Einstellung gegenüber dem EU-Beitritt und dem „Ja" beim Referendum angekündigt.

Wie auch immer die Entscheidung der estnischen Bürger am 14. September 2003 aussehen wird, ist die Entscheidung gemäß dem Grundgesetz für die estnischen Staatsorgane verbindlich. Eine Teilnahmequote gibt es dagegen in der estnischen Gesetzgebung nicht und auch die Auflösung des Parlaments ist im Fall eines negativen Ausgangs für die Regierung und Riigikogu, gemäß den estnischen Gesetzen automatisch nicht vorgesehen. Nur wenn es ein „Nein" sein wird, bedeutet dies, dass das estnische Parlament den Beitrittsvertrag nicht ratifizieren kann, denn gemäß Art. 23 Abs. 1 der estnischen Verfassung schließt Estland keine völkerrechtlichen Verträge ab, die der estnischen Verfassung widersprechen. Gemäß Art. 168 der estnischen Verfassung darf aber ein gescheiterter Verfassungsänderungsversuch in derselben Frage innerhalb eines Jahres nicht wiederholt werden. Gegen die Entscheidungen der örtlichen Wahllokale und gegen die der Wahlkomission auf staatlicher Ebene kann man bis zum Staatsgerichtshof hinauf Widersprüche einlegen.

DR. IUR. MARJU LUTS*, TARTU (DORPAT)

Die estnische Privatrechtsreform zwischen den Vorbildern aus der Geschichte, aus Deutschland und aus der europäischen Zukunft

INHALT

1. Die (rechts-)politischen Vorentscheidungen zur Frage nach den Vorbildern
2. Kodifikationsfrage
3. Systemfrage
4. Inhaltliche Vorbilder aus Geschichte, Gegenwart und Zukunft

1. Die (rechts-)politischen Vorentscheidungen zur Frage nach den Vorbildern

Schon vor der Wiederherstellung der staatlichen Unabhängigkeit der Republik Estland war es für die Öffentlichkeit und für die politischen Entscheidungsfiguren ausgemacht, dass man ein neues Privatrecht auf der Grundlage des Privateigentums und der Marktwirtschaft aufbauen soll und will. Die Frage des Ob eines modernen, bürgerlich-individuell verstandenen Privatrechts war sozusagen keine Diskussion wert. Das Sowjetrecht mit der staatlichen Planwirtschaft, mit dem ausschließlich staatlichen Eigentum an Land und Boden, mit der ausgedehnten staatlichen Überwachung des Rechtsverkehrs usw. hat man als eine durch die Fremdherrschaft aufgezwungene rechtliche Anomalie empfunden. Jenes sollte man möglichst schnell abschaffen und durch ein neues oder auch neu aufgegriffenes altes Privatrecht ersetzen. Etwa so kann man die Koalitionsvereinbarung zwischen den Regierungsparteien des ersten grundgesetzmäßig gewählten Parlaments vom Oktober 1992 verstehen:

> „Eine Reform des Rechtsschutzes und des Gerichtssystems soll schnell durchgeführt werden. Ein Zivil- und ein Strafgesetzbuch, die den gegenwärtigen europäischen Normen entsprechen, sollen ausgearbeitet und ver-

---

* Die Autorin ist Dozentin am Iuridicum der Universität Tartu/Dorpat.

abschiedet werden. Die Gesetzgebung soll sowohl mit den allgemeingültigen Vorschriften des Grundgesetzes als mit denjenigen des Völkerrechts in Einklang gebracht werden. Dabei ist von der Gesetzgebung der Estnischen Republik in der Vorkriegszeit (v.a. von den entsprechenden Teilen des Entwurfs zum Zivilgesetzbuch von 1940) auszugehen, wobei für die Vergegenwärtigung der Gesetzgebung das auch früher in Estland als Grundlage der Rechtsetzung dienende deutsche Rechtssystem einzubeziehen ist. Es sollen Lücken in der Gesetzgebung vermieden werden, der Anteil der wenig regulativen sog. Rahmengesetze soll vermindert werden."[1]

Will man die ausgesprochenen Topoi nochmals zusammenfassen, bekommt man einen bunten Katalog: Reform des Rechtslebens grundlegend und schnell, europäisches Gegenwartsniveau, Estlands Grundgesetz von 1992, Völkerrecht, die vor 1940 gültigen Gesetze, der Entwurf des ZGB von 1936/40[2], das deutsche Rechtssystem, Lückenlosigkeitsideal und das hohe Regulativitätsniveau der Gesetzgebung. Was man unter den genannten Zielen und Vorbildern genauer verstehen soll, war und ist allerdings nicht sehr klar. Immerhin bleibt kein Zweifel daran, dass man an eine grundlegende Erneuerung des Rechtssystems gedacht hat. *Innovatio* sollte v.a. durch eine (Wieder-)Annäherung an die europäische Rechtstradition oder vielmehr durch den Anschluss an die gegenwärtige Situation in der europäischen Rechtsentwicklung – was auch immer man darunter verstehen mag – erreicht werden. Die *restitutio* von Estlands Vorkriegsrechtsordnung wird zwar ausdrücklich angedeutet, nicht aber in den Vordergrund gestellt. Bei dem folgenden Parlamentsbeschluss über die Kontinuität der Gesetzgebung vom 1. Dezember 1992 wurden

1 Zit. nach *H. Mikk*, Über die Zivilrechtsrefom in Estland im Licht der Entwürfe des Schuldrechtsgesetzes, des Allgemeinen Teils des Zivilgesetzbuchs und des Gesetzes über Internationales Privatrecht, in: Grundbuch- und Notartage. 13.-15. Mai 1999. Tallinn 2000, S. 284 f. Meine Korrekturen hier in der deutschen Übersetzung nach dem estnischen Originaltext: Ebda., S. 114 f. Vgl. auch *ders.*, Zur Reform des Zivilrechts in Estland, JOR – Jahrbuch für Ostrecht, 42 (2001), S. 31-52.

2 Die Vorarbeiten zum estnischen ZGB begannen schon in den 1920er Jahren. 1936 war der umfassende Entwurf der Kodifikation fertig, man hat diesen aber noch gründlich umgearbeitet und verändert. Er sollte im Herbst 1940 vom estnischen Parlament verabschiedet werden. Der Einmarsch der sowjetischen Truppen im Sommer 1940 hat dies verhindert. Durch den 1992 erschienenen Neudruck ist der Entwurf in der Redaktion vom 12. März 1940 für die heutige Forschung leicht zugänglich gemacht worden: Eesti Vabariigi Tsiviilseadustik (ZGB der Republik Estland). Tartu 1992.

dann doch die Topoi von *innovatio* ganz weggelassen und ausdrücklich nur die Rechtsordnung der Zwischenkriegszeit benannt:

> „Ausgehend von der Parlamentsdeklaration vom 7. Oktober 1992 über die Wiederherstellung der Verfassungsmässigen Staatsmacht sind bei der Vorbereitung der Gesetzesentwürfe die in der Republik Estland vor dem 16. Juni 1940 gegoltenen Gesetze zu berücksichtigen."[3]

Der Gedanke der Regierungskoalition von 1992 schlug also in die Richtung *innovatio cum restitutio*, die Parlamentsentscheidung deutete aber eher in die Richtung *innovatio per restitutio*. Für die Reform des Privatrechts bedeutete dies eine in sich ambivalente Aufgabenstellung. Ich will hier zunächst der vom Parlament gestellten Aufgabe näher nachgehen. Der in der Koalitionsvereinbarung erwähnte Entwurf des ZGB von 1936 war in einer veränderten Fassung 1940 im Parlament, verabschieden konnte man es vor dem Einmarsch der sowjetischen Truppen nicht. Es galt in Estland am 16. Juni 1940 immer noch der III. Teil des Provinzialrechts für die Ostseegouvernements des Zarenreichs, das von Friedrich Georg von Bunge verfasste „Liv-, Est- und Kurländisches Privatrecht" von 1864/65.[4]

Es mag etwas übertrieben erscheinen, hat aber Einiges für sich, wenn man jenes Baltische Privatrecht als „eine der am stärksten kasuistischen und unsystematischen Zivilrechtskodifikationen der Welt"[5] bezeichnet. Mit seinen 4600 Artikeln steht es dem privatrechtlichen Teil des Preussischen Allgemeinen Landrechts keinesfalls nach. Wenn man die von Bunge entweder in den Text der einzelnen Artikel einbezogenen

---

3 Riigikogu otsus 651: seadusloome järjepidevusest (Beschluss der Staatsversammlung Nr. 651 über die Kontinuität der Gesetzgebung), Riigi Teataja (Staatsanzeiger) 1992, 52, 651.

4 Provincialrecht der Ostseegouvernements. Dritter Theil. Privatrecht: Liv-, Est- und Curlaendisches Privatrecht. Zusammengestellt auf Befehl des Herrn und Kaisers Alexander II. St. Petersburg 1864. Es wurde gleich eine in Russisch übersetzte Parallelvariante des Gesetzbuchs publiziert, die später vom Senat zur offiziellen und verbindlichen Textfassung erklärt wurde. Das Gesetzbuch trat am 1. Juli 1865 in Kraft. Vgl. m.w.N. zum Baltischen Privatrecht *B. Dölemeyer*, Das Privatrecht Liv-, Est- und Kurlands von 1864, in: *H. Coing* (Hg.), Handbuch der Quellen und Literatur der neueren europäischen Privatrechtsgeschichte. Bd. 3. Teilbd. 2. München 1982, S. 2076-2098.

5 So *M. Käerdi*, Westliche Rechtskonzepte für post-sozialistische Gesellschaften: Gesetzgeberische Erfahrungen in Estland, in: *H. Heiss* (Hg.), Brückenschlag zwischen den Rechtskulturen des Ostseeraums. Tübingen 2001, S. 77.

oder als Anmerkungen zum Haupttext gebrachten Abweichungen[6] ebenfalls als selbständige Vorschriften betrachten würde, wäre die Artikelzahl noch grösser.[7] Man könnte ja so eine fleissige Aufzählung der womöglich überhaupt aufspürbaren territoriellen und ständischen Besonderheiten[8] als eine etwas übertriebene Detailorientiertheit bezeichnen und sich etwa auf die tragenden Prinzipien der Kodifikation stützen, um

---

6 Zu der erstgenannten Art vgl. z. B. Art. 44: „In Liv- und Estland ist der Ehemann keinesweges befugt, auf den Namen der Ehefrau oder ihrer Erblasser stehende Schuldforderungen, ohne ausdrückliche Genehmigung der Frau, zu erheben, zu cediren oder zu verpfänden. Alle Verfügungen dieser Art sind nichtig. Wohl aber hat er das Recht dergleichen ausstehenede Forderungen, wenn deren Sicherheit bedroht ist, oder das Interesse der Ehefrau es aus andern Gründen erheischt, vorläufig zu kündigen und auszuklagen. In Curland dagegen bedarf der Ehemann sowohl zur Kündigung und zur Cession von Schuldverschreibungen, als auch zur Erhebung von Capitalien, gar keiner besonderen Legitimation, namentlich auch keiner Cession derselben von Seiten der Ehefrau." Vgl. zur zweiten Möglichkeit z.B. Art. 883 über die besonderen Rechte der Gutsherren: „Die besonderen Rechte, welche dem Eigenthümer eines Rittergutes, ohne Rücksicht auf seinen Stand, zustehen, sind: 1. das Recht des Branntweinsbrandes und der Bierbrauerei, sowie des Verkaufs von Branntwein, Bier und Lebensmitteln; das Recht, Mühlen, Krüge und Schenken, auf Grundlage der darüber bestehenden Vorschriften, anzulegen und unterhalten; 2. das Recht der Gutspolizei auf dem Gute, auf Grundlage der in den Bauernverordnungen enthaltenen Bestimmungen; 3. das Recht, in den Gränzen des Gutes Flecken oder Hakelwerke anzulegen, und Märkte und Jahrmärkte in der dafür vorgeschriebenen Ordnung zu errichten; 4. das Recht, sich Besitzer dieses Gutes zu nennen und als solcher zu unterzeichnen. Diese den Rittergütern ausschliesslich zustehenden Rechte dürfen bei der Veräusserung einzelner Theile des Gutes auf diese nicht übertragen werden, selbst wenn der Käufer adeligen Standes ist, es sei denn, dass die veräusserte Gutsabtheilung als neues Rittergut constituirt wird." Dazu noch die Anmerkung: „Bis zur Emanirung einer besondern Jagdordnung für die Ostseeprovinzen geht in Livland das Recht zur Ausübung des Jagdes, bei dem Verkaufe einer Bauerlandstelle, auf den Käufer nicht über, den Fall ausgenommen, wenn das verkaufte Grundstück einem andern Rittergute einverleibt wird." Die Anmerkungen zu den einzelnen Artikeln sind sehr häufig.

7 In Bunges ursprünglichem Entwurf gab es übrigens 5084 Artikel. Vgl. *F. G. Bunge*, Entwurf des Liv-, Est- und Curländisches Privatrechts. St. Petersburg 1860-64.

8 Zu den tragenden Konzeptionen, die die genannte kasuistische Regelungstechnik und die Orientierung auf das Besondere in dem Werk des Hauptredakteurs Bunge zur Folge hatten: *M. Luts*, Privatrecht im Dienste eines „vaterländischen" provinzialrechtlichen Partikularismus, Rechtstheorie 31 (2000), S. 383-393. Der Grundidee nach identisch, im Einzelnen manchmal abweichend und v.a. ausgiebiger belegt: *dies.*, Private Law of the Baltic Provinces as a Patriotic Act, Juridica International: Law Review of Tartu University 5 (2000), S. 157-167.

so der Forderung des estnischen Parlaments von 1992 nach „Berücksichtigung der vor dem 16. Juni 1940 gültigen Gesetze“ nachzukommen.

Die Prinzipienfrage ist aber beim Baltischen Privatrecht besonders schwer zu lösen. Das wissenschaftliche und kodifikatorische Vorgehen von Bunge ist keinesfalls als prinzipienorientiert zu bezeichnen. Obwohl in der Autobiographie und von späteren Verfassern als ein Anhänger der Historischen Rechtsschule bezeichnet,[9] kann man in Bunges Methodik und Vorgehensweise fast keine Spur von der Prinzipienwissenschaft der Rechtsschule von Savigny und Eichhorn finden.[10] Will man die tragenden Prinzipien des Baltischen Privatrechts erkennen, muss man sie erst selbst mühsam herleiten. Hier zeigt sich allerdings schnell, dass die Prinzipien kaum einen Anschluss zu den heutigen oder zu den modernen Ideen des Privatrechts in Europa ermöglichen. Obwohl in der Zeit des europäischen Modernisierungsdrangs entstanden, war das Baltische Privatrecht eine sorgfältig ausgearbeitete Verkörperung des vormodernen mehrfach gebundenen Privatrechts des *Ancien Régime*.[11] Die Stichwörter wie Familienfideikomisse (Art. 2337 ff.), Veräußerungs- und Belastungsverbot der Erbgüter (Art. 961 ff.), die Verbindlichkeit der lokalen Preistaxen (Art. 3851 ff.) usw. sprechen für sich. Von der allgemeinen ständischen Prägung des Gesetzbuchs war schon die Rede. Man hat das Gesetzeswerk zwar schon in der Zarenzeit partiell geändert bzw. die Regelungen modernisiert, in manchen wichtigen Partien etwa im Zuge der Gerichtsreform von 1889.[12] Im Allgemeinen sind die tragenden Prinzi-

9 Für Hinweise auf diesbezüglichen Behauptungen in der zeitgenössischen und späteren Literatur vgl. *M. Luts*, Die Begründung der Wissenschaft des provinziellen Rechts der baltischen Ostseeprovinzen im 19. Jh., in: *J. Eckert/ K. Å. Modéer* (Hg.), Geschichte und Perspektiven des Rechts im Ostseeraum, Frankfurt a. M. u.a. 2002 (Rechtshistorische Reihe, Bd. 251), S. 148 f.; noch ausgiebiger belegt in der estnischen Doktorarbeit *M. Luts*, Juhuslik ja isamaaline: F. G. v. Bunge provintsiaalõigusteadus (Zufällig und vaterländisch: Die Provinzialrechtswissenschaft von F. G. v. Bunge), Tartu 2000 (Dissertationes iuridicae universitatis Tartuensis 3), S. 12 f.

10 Dies ist ein Hauptbefund meiner Doktorarbeit *Luts* (Fn. 9), vgl. hier die deutsche Zusammenfassung, S. 257-273.

11 Zum Begriff „gebundenes Privatrecht” und zur Gegenüberstellung eines solchen und des modernen „freien Privatrechts” grundlegend: *J. Rückert*, Das BGB und seine Prinzipien: Aufgabe, Lösung, Erfolg, in: *M. Schmoeckel/ J. Rückert /R. Zimmermann* (Hg.), Hitorisch-kritischer Kommentar zum BGB, Bd. 1, München 2003 (i. Dr.), Rn. 69 ff., zit. nach dem Manuskript (mit Dank an den Verfasser).

12 Dazu näher und v.a. am Beispiel der Modernisierung des Pfandrechts: *T. Anepaio*, Die Justizreform von 1889 in den Ostseeprovinzen und das Baltische Privatrecht:

pien und Lösungen des Baltischen Privatrechts bis zum I. Weltkrieg aber vormodern geblieben.

Im Jahre 1920, als man durch das Gesetz über die Abschaffung der Stände[13] in Estland die Geltung des Baltischen Privatrechts für den größeren Teil der Bevölkerung[14] ausgedehnt hatte, hat man die darin kodifizierten ständischen Unterschiede und Besonderheiten durch eine Pauschalentscheidung für ungültig erklärt.[15] Dass viele bis dahin als ständisch begriffene Unterschiede in den privatrechtlichen Institutionen weiterhin durch das Territorialprinzip in Geltung geblieben waren und damit den Durchbruch einer modernen einheitlichen Privatrechtsordnung in Estland vor dem II. Weltkrieg in hohem Maße behindert haben, steht auf einem anderen Blatt. Hier ist von Bedeutung, dass das Baltische Privatrecht in der Republik Estland auf eine andere Weise gelten sollte als früher in den baltischen Ostseeprovinzen des Zarenreichs.

Wie die Anwendung des komplizierten kasuistischen Gesetzbuchs in der Praxis der Gerichte in der Zwischenkriegszeit aussah, ist über einzelne Stichproben hinaus noch nicht untersucht worden.[16] Mehr noch, es

---

die gegenseitige Beeinflussung, in: *Eckert/Modéer* (Fn. 9), S. 59-78; vgl. zum Pfandrecht S. 69 ff.; s. auch *T. Anepaio,* Dialogue or Conflict? The Legal Reform of 1889 and Baltic Private Law Code, Juridica International: Law Review of Tartu University 5 (2000), S. 168-175.

13 Seisuste kaotamise seadus (Gesetz über die Abschaffung der Stände), Riigi Teataja 1920, 129/130, 254.

14 Bis dahin galt das Baltische Privatrecht eigentlich nur für die zahlenmäßige Minderheit der Bevölkerung der Ostseeprovinzen. Die privatrechtlichen Verhältnisse der Mehrheit der Bevölkerung, des estnischen und lettischen Bauernstands wurde durch die sog. Agrargsetzgebung bzw. Bauernrechte geregelt. 1920 wurden die Bauernrechte außer Kraft gesetzt. Die Ausdehnung des Baltischen Privatrechts auf die ganze Bevölkerung Estlands wurde aber immerhin nicht flächendeckend durchgeführt. Vgl. dazu P. II. in dem Gesetz über die Abschaffung der Stände: „(...) Der III. Teil des Gesetzbuchs der Ostseegouvernements bleibt zum einzigen privatrechtlichen Gesetz: in den Städten und Stadtteilen, wo bisher das Landrecht in Geltung war, und für die Bevölkerung auf dem flachen Lande gelten die landrechtlichen Rechtssätze; für die Bevölkerung der Städte gelten die stadtrechtlichen Rechtssätze; in den ehemaligen Gebieten der Petersburgischen und Plesakuischen Gouvernements gilt Bd. X Abth. I der Gesetzessammlung des Russischen Reichs".

15 Ebda.: „Mit dem vorliegenden Gesetz verlieren in der Republik Estland ihre Geltung alle Gesetze und Erlasse, die die ständischen Rechte, Vorrechte, Pflichten und Rechtsbeschränkungen oder überhaupt ständische Besonderheiten beinhalten."

16 Anhand der einzelnen untersuchten Fälle kann man jedoch vermuten, dass man die territorialen Unterschiede in der gesetzlichen Regelung ernst genommen hat. Vgl.

ist bis heute nicht klar, in welcher Textfassung das Baltische Privatrecht im Jahre 1940 in Geltung war.[17] Damit will ich hier nur andeuten, auf welche Schwierigkeiten und Fragen man gestoßen wäre, hätte man die vom Parlament geforderte „Berücksichtigung" als eine ernsthafte Restitutio der im Jahre 1940 gültigen Gesetzesvorschriften gedeutet. Die angesprochenen und bis heute akuten Forschungsdefiziten in der privatrechtshistorischen Forschung zeigen aber u.a., dass es in Estland zu keiner staatlich unterstützten und geförderten umfangreichen rechtshistorischen Forschung und Restitution der zersplitterten Privatrechtsordnung der Vorkriegszeit gekommen ist.[18]

Anscheinend hat sogar der restitutionsgesinnte Teil des Parlaments eigentlich nicht an das Baltische Privatrecht gedacht, als es um die Berücksichtigung des Vorkriegsprivatrechts ging. Man dachte vielmehr an den Entwurf des ZGB 1936/40, und die Überlegungen gingen bis hin zu der Idee, dass man den Entwurf ohne Weiteres in Kraft setzen sollte. Dass es sich nicht um ein am 16. Juni 1940 gültiges Gesetz handelte, wurde anscheinend nicht als Problem angesehen. Man verwies hier auf den Umstand, dass der Entwurf nur aus Zeitgründen 1940 unverabschiedet blieb.[19] Es ist jedoch nicht zu einem Überspringen des Zeitabstands von einem halben Jahrhundert gekommen, um das Ausgebliebene durch

---

Riigikohtu tsiviilosakonna otsused (Entscheidungen der Zivilrechtsabteilung des Staatsgerichtshofs) 18. 5. 1922 und 3. 11. 1933, in: *T. Anepaio* (Hg.), Riigikohus. Otsuste valikkogumik 1920-1940 (Staatsgerichtshof. Ausgewählte Entscheidungen 1920-1940), Tartu 1999, S. 107 f., 124 ff.; *ders*, Vom Pferdehandel zur Eigentumsreform (estn.), Juridica 6/1997, S. 291.

17 Zu den verschiedenen Ausgaben des Baltischen Privatrechts in der Zarenzeit und in den Republiken Estland und Lettland zwischen den zwei Weltkriegen informativ und überblickshaft, jedoch nicht juristisch inhaltlich verfahrend: *T. Anepaio*, Das bekannte unbekannte Gesetzbuch: Die Ausgaben des Baltischen Privatrechts (estn.), Annales litterarum societatis Esthonicae 1994-1999, Tartu 2002, S. 302-322; s. auch die deutsche Zusammenfassung S. 323 f.

18 Ganz unbedeutend ist die komplizierte Regelung des Baltischen Privatrechts für die gegenwärtige Rechtslage in Estland jedoch nicht geblieben. Da man bei der Eigentums- und Landreform am 16. Juni 1940 angeknüpft hat, sind die erbrechtlichen, ehevermögensrechtlichen und auch die allgemeinen sachenrechtlichen Vorschriften in ihrer territorialen Vielfalt aktuell geworden. Man kann keinesfalls behaupten, dass die Anwendung des Baltischen Privatrechts seitens der heutigen Verwaltungsbehörden und Gerichte in Estland reibungslos gelungen ist. Dem ist in der estnischen juristischen Literatur Aufmerksamkeit geschenkt worden, vgl. *Anepaio*, Pferdehandel (Fn. 16).

19 Vgl. *Mikk* (Fn. 1), S. 287 f.

eine neue Parlamentsabstimmung einfach nachzuholen. Vielmehr blieben für die Privatrechtsreform in Estland die Vorbilder von Bedeutung, die in der Koalitionsvereinbarung aufgezählt waren, darunter allerdings auch der Entwurf von 1940.

Es ist hier bisher von dem unmittelbar vorhergehenden und nach der Wiederherstellung der Souveränität Estlands weitergeltenden sowjetischen Zivilrecht nur im Zusammenhang der rechtlichen Anomalie die Rede gewesen. In sich hat sich der Faktor „sowjetisches Recht" jedoch stärker zu Wort gemeldet, wenn es nicht mehr um die politischen Entscheidungen, sondern um die konkrete Gestaltung der gesetzlichen Grundlagen für das Privatrecht in Estland ging. Der Vorschlag, das geltende sowjetische ZGB umzuarbeiten, stand durchaus auf der Tagesordnung als eine ernsthaft diskutierte Alternative.[20] Zu einer Verwirklichung jener Idee ist es allerdings nicht gekommen, der Faktor „sowjetisches Recht" hat sich aber neben den schon genannten, anderen Faktoren (Europa, Deutschland, estnischer Entwurf von 1940) im Laufe der estnischen Privatrechtsreform ebenfalls entfaltet. In diesem Sinn darf man ihn bei der Frage nach den Vorbildern neben den anderen Faktoren nicht unterschätzen. Die Faktoren haben sich in den verschiedenen Etappen und Eckpunkten der Privatrechtsreform in unterschiedlicher Intensivität und Entfaltungskraft gezeigt. Ich will dem Zusammenspiel der Vorbilder hier anhand einiger allgemeiner Lösungen im Zuge der estnischen Privatrechtsreform nachgehen.

2. Kodifikationsfrage

Zum besseren Verständnis sei hier vorab die Gesetzgebungsgeschichte zur estnischen Privatrechtsreform zusammengefasst:

verabschiedet	*Gesetz*	*in Kraft getreten*
1993-06-09	*Sachenrechtsgesetz*	*1993-12-01*
1994-06-28	*Gesetz des allgemeinen Teils des* ZGB	*1994-09-01*
1994-10-12	*Familienrechtsgesetz*	*1995-01-01*
1995-02-15	*Handelsgesetzbuch*	*1995-09-01*
1996-05-15	*Erbrechtsgesetz*	*1997-01-01*
2001-09-26	*Schuldrechtsgesetz*	*2002-07-01*

20 S. ebda., S. 287.

2002-03-27	*Gesetz des allgemeinen Teils des ZGB*	*2002-07-01*
2002-03-27	*Gesetz des internationalen Privatrechts*	*2002-07-01*

Als erster, wichtiger Schritt beim Aufbau des Kernbereichs der neuen Privatrechtsordnung gilt das Sachenrechtsgesetz von 1993.[21] Es ist ein Fall, wo v.a. die Faktoren „ZGB-Entwurf 1940" und „deutsches Recht" ihre Wirkung entfaltet haben. Nicht zu unterschätzen ist aber der Faktor Schnelligkeit, in der Koalitionsvereinbarung 1992 an erster Stelle angesprochen. Schnell war es v.a. mit dem Sachenrecht schon deshalb, weil es für die wieder eingeführte oder einzuführende Privateigentumsordnung[22] einer entsprechenden gesetzlichen Regelung bedurfte. In aller Eile hat man den Sachenrechtsteil des ZGB-Entwurfs 1940 auf Deutsch übersetzt und die Übersetzung den internationalen Experten, v.a. den deutschen Kollegen, zur Begutachtung und Beratung vorgelegt. Auf diese Weise wurde der Entwurf durch die deutschrechtlichen Vorbilder bereichert oder abgeändert. Es gab daneben zwar Alternativentwürfe, die von anderen Vorbildern und anderen Ausarbeitungsmethoden ausgegangen sind. Durch ein geschicktes Seitenmanöver ist aber der nach den genannten Vorbildern angefertigte Sachenrechtsentwurf direkt in das Parlament gebracht und schnell verabschiedet worden.[23]

Der Eckstein für eine auf dem Privateigentum und damit verbunden auf individueller Freiheit beruhende Privatrechtsordnung war gelegt. Damit war aber noch keinesfalls endgültig die Entscheidung für eine Gesamtkodifikation des Privatrechts gefallen. Die Koalitionsvereinbarung von 1992 sprach zwar von dem „Zivilgesetzbuch". Inwieweit dies eine umfassende einheitliche Kodifikation bedeuten sollte, war allerdings offen. Die Alternative der Einzelgesetze etwa nach der Art der skandinavischen Länder stand ja auch nach der Verabschiedung des Sachenrechtsgesetzes durchaus offen. Zugespitzt könnte man sogar behaupten, dass gerade die Verabschiedung des Sachenrechtsgesetzes als eines Einzelgesetzes diese Alternative eigentlich eröffnet hatte. Man denke insbeson-

21 Zu den einzelnen Bereichen des Privatrechts gibt es auch deutsch- und englischsprachige Beiträge, vgl. die Bibliographie im Anhang des vorliegenden Bandes; hier auch Hinweise auf die Bibliographie zur früheren Literatur.

22 Näher hierzu der Beitrag von *K. Land* im vorliegenden Band.

23 Näher: *Mikk* (Fn. 1), S. 288 ff.

ders daran, dass die übrigen baltischen Länder die Möglichkeit der Privatrechtsreform über die Einzelgesetze eigentlich gleich beiseite ließen.[24]

Mit dem Gesetz des allgemeinen Teils des ZGB war der umfassende Kodifikationsplan des estnischen Reformgesetzgebers allerdings ausdrücklich benannt, wie man schon dem Titel des Gesetzes entnehmen kann. Immerhin zeigt dasselbe Gesetz immer deutlicher den Weg, den man für die Kodifikation gewählt hatte. Man wollte zu einer Gesamtkodifikation des Privatrechts durch die Einzelgesetze gelangen, die novellen- oder anders ausgedrückt: bücherweise verabschiedet werden sollten. Die in Europa schon fast totgeglaubte Kodifikationsidee von Neuzeit und Moderne wurde in Estland und wohl auch in den anderen baltischen Ländern für die Reform der Privatrechtsordnung ohne Diskussionen aufgenommen und als einzig denkbarer Weg eingeschlagen.[25]

Die Unbefangenheit des estnischen Reformgesetzgebers bei der Frage, ob man das das Privatrecht überhaupt kodifizieren sollte, könnte man ja durch den Hinweis auf das Vorbild Deutschland erklären. Das BGB als eine schon altehrwürdige Privatrechtskodifikation hatte sich ja bewährt und sogar als lebensfähig unter grundverschiedenen politischen Regimen gezeigt. Der BGB-Argument kam bei dem Kodifikationsbeschluss des estnischen Reformgesetzgebers vielleicht jedoch als nur verstärkendes Moment zur eigenen privatrechtshistorischen Tradition hinzu.

Die jüngste Zeitgeschichte der Sowjetzeit hat die aktiv tätigen Generationen des estnischen Juristentums mit dem kodifizierten Recht durchaus vertraut gemacht. Man findet da nicht nur das ZGB, Ehe- und Familiengesetzbuch oder Arbeitsgesetzbuch, sondern auch etwa Waldgesetzbuch, Landgesetzbuch, Wohnraumgesetzbuch usw. Es war damit für die

---

24 In Lettland hat man 1993 das ZGB von 1937 wieder in Kraft gesetzt. In Litauen gab es vor dem II. Weltkrieg keine einheitliche Privatrechtskodifikation; Anfang der neunziger Jahre begann aber gleich die Arbeit am ZGB-Gesamtentwurf. Vgl. m.w.N. zur Privatrechtsgeschichte und zu jüngsten Reformvorhaben in allen drei Baltischen Staaten *D. A. Loeber*, Kontinuität im Zivilrecht nach Wiederherstellung staatlicher Unabhängigkeit – Zu den Zivilgesetzbüchern von Lettland (1937), Estland (1993) und Litauen (2000), in: *J. Basedow u.a.* (Hg.), Aufbruch nach Europa: 75 Jahre Max-Planck-Institut für Privatrecht. Tübingen 2001, S. 943-954; vgl. ferner *V. Mizaras/ V. Nekrosius*, Das neue Zivil- und Zivilprozessrecht in Litauen, Zeitschrift für Europäisches Privatrecht 2002, S. 466-488.

25 Es ist anzunehmen, dass die jüngste westeuropäische Kodifikation, das Niederländische Bürgerliche Gesetzbuch von 1992, für die Kodifikationsentscheidung der osteuropäischen Reformstaaten in den neunziger Jahren ermutigend gewirkt hat.

estnischen Juristen Anfang der neunziger Jahre eine wohlbekannte Situation der Rechtsordnung, dass die grösseren (oder auch kleineren) Rechtsgebiete möglichst kodifiziert waren. Es handelt sich beim Kodifikationsgedanken aber keinesfalls nur um ein sowjetisches Überbleibsel. Man darf die historische Kontinuitätsthese zur Rechtsordnung der Republik Estland der Zwischenkriegszeit nicht unterschätzen. Wenn auch systematisch etwas sonderlich und vom Stil her eigenartig kasuistisch, war das damals gültige Baltische Privatrecht immerhin eine privatrechtliche Gesamtkodifikation. Der estnische Entwurf von 1936/40 war ebenfalls ein Beispiel aus dem selben Genre. Die Antwort auf die Frage, warum in Estland überhaupt kein Zweifel am Kodifikationsbedürfnis zutage gekommen war, ist damit eigentlich banal: Man war an das kodifizierte Recht gewohnt. In diesem Zusammenhang bleibt also unklar, ob man bei der grundsätzlichen Entscheidung für eine Kodifikation des Privatrechts vom deutschen Vorblid ausgegangen ist oder ganz einfach in den eigenen Gewohnheiten gefangen blieb. Wie oft bei den eingeübten Gewohnheiten, fragt man nicht danach, ob die auch vernünftig oder rechtzufertigen sind. Ebenso hat man in Estland wohl nicht daran gedacht, dass eine grundsätzliche Entscheidung für ein kodifiziertes Privatrecht vielleicht doch einiger Überlegung und Begründung bedarf.

3. Systemfrage

Der Titel des AT-Gesetzes von 1994 deutet noch etwas an, was auf den ersten Blick gleich an das System des deutschen BGB erinnert: man will einen allgemeinen Teil des ZGB haben. Es sind bei dem Punkt aber ebenfalls die Faktoren der Privatrechtsgeschichte in Estland selbst zu berücksichtigen. Das Baltische Privatrecht hatte zwar keinen allgemeinen Teil, jedoch eine Handvoll einleitender Bestimmungen zur ständischen bzw. territorialen Geltung des Gesetzbuchs, zum Verhältnis der verschiedenen Rechtsquellen, zu den Auslegungsregeln usw. Der estnische ZGB-Entwurf von 1936/40 dagegen war sehr wohl nach dem Vorbild des BGB mit einem allgemeinen Teil ausgerüstet. Die Abweichungen von der Gliederung des allgemeinen Teils des BGB sind allerdings bemerkenswert und greifen vieles von dem Regelungsinhalt des Baltischen Privatrechts wieder auf. Darüber hinaus kam für die Privatrechtsreform der neunziger Jahre die Wirkung noch einer weiteren Tradition dazu. Die sowjetischen Zivilgesetzbücher, darunter der Zivilkodex der Estnischen SSR von 1964, hatten ebenfalls einen allgemeinen Teil. Jener Teil hatte meistens dieselben Partien zum Gegenstand, die auch im allgemeinen Teil des BGB geregelt sind: Personen, Rechtsgeschäfte, Vertretung und Vollmacht, Termine, Verjährung usw. In dem Sinn war die Tradition eines allgemeinen Teils des ZGB für die lebende und tätige Generation des estnischen Juristentums durchaus bekannt. Es ist also ebenfalls ein Punkt, wo man nicht nur auf die Vorbildrechtsordnung in Deutschland hinweisen kann, sondern den Rückgriff auf die in dem estnischen Entwurf 1936/40 gewählte Lösung und auf die den estnischen Juristen vertraute sowjetische Tradition der Zivilgesetzbücher mit zu berücksichtigen hat.

Dem AT-Gesetz von 1994 ist in Estland zunächst jedoch eine verhältnismäßig größere Bedeutung zugekommen, als dies sonst bei einem Allgemeinen Teil der Fall ist. Vor allem sollte vieles von dem Schuldrecht über die allgemeinen Bestimmungen zu den Rechtsgeschäften ablaufen. Insoweit die neuen Gesetze die Regelungen des ZGB der Sowjetzeit nicht aufgehoben hatten, sind sie in Geltung geblieben. In dem schuldrechtlichen Teil etwa war das Gesetzeswerk aber äußerst spärlich in der Regelung. Ein staatlich planwirtschaftlich funktionierendes Rechtssystem brauchte keine eingehende Regelung des individuellen Schuldrechts. Estland dagegen sollte in den neunziger Jahren gerade ein individuell angelegtes Privatrecht aufbauen. Dies ist wohl der Grund, warum im AT-Gesetz von 1994 noch die separaten, wenn auch sehr kurzen Kapitel zu den anderen Teilen des Privatrechts einbezogen sind: Eherecht (§§ 143-152), Sachenrecht (§§ 153-156), Erbrecht (§§ 157-158), Schuldrecht (§§ 159-168). Wenn es bei den übrigen drei um die Rechtsgebiete ging, wo es im Jahre 1994 noch keine neue Gesetze vorlagen, dann sollte ja das Sachenrecht von dem AT-Gesetz eigentlich wegbleiben. In sich sind es auch keine sachenrechtlichen, sondern die Vorschriften zum internationalen Privatrecht. Die übrigen genannten Kapitel sollten aber die Innovationsaufgabe in einer Situation erfüllen, wo noch keine neue Gesetze zu den entsprechenden Gebieten des Privatrechts verabschiedet waren.

Immerhin zeigen die in einzelnen Kapiteln behandelten Untergebiete des Privatrechts im AT-Gesetz, dass der estnische Reformgesetzgeber nicht nur an eine Gesamtkodifikation, sondern an eine Kodifikation im Fünf-Bücher-System der (deutschen) Pandektistik und des BGB gedacht hat. Immerhin kam auch in diesem Punkt das Vorbild des BGB nicht unmittelbar zur Wirkung. Der estnische Entwurf von 1936/40 war ebenfalls in fünf Bücher aufgeteilt, ist aber in dem detaillierteren Aufbau und in seinem Regelungsinhalt oft von den BGB-Lösungen abweichend ausgestaltet. Das Gesamtsystem war allerdings vergleichbar mit dem deutschen Privatrecht. Dabei ist jedoch auffallend, dass die Reihenfolge der einzelnen Bücher eine andere ist und eher an das Baltische Privatrecht erinnert:

Entwurf des ZGB der Republik Estland 1936/40	***Das Liv-, Est- und Kurländisches Privatrecht 1864/65***
Allgemeiner Teil §§ 1-248	*(Einleitung Art. I-XL)*
Familienrecht §§ 249-566	*Familienrecht Art. 1-528*
Erbrecht §§ 567-881	*Sachenrecht Art. 529-1690*
Sachenrecht §§ 882-1283	*Erbrecht Art. 1691-2906*
Schuldrecht §§ 1284-2135	*Recht der Forderungen Art. 2907-4600*

Man könnte vielleicht doch behaupten, dass der estnische Reformgesetzgeber der neunziger Jahre bei der Reihenfolge der einzelner Bücher eher vonm estnischen Entwurf von 1936/40 ausgegangen war als vom deutschen Vorbild. Die Behauptung sollte man aber gleich relativieren durch den Faktor „Schnelligkeit“. Vom Sachenrecht war in diesem Zusammenhang schon die Rede. Das AT-Gesetz sollte ebenfalls einigermaßen als „erste Hilfe” wirken, da die weiteren Bücher noch fehlten. Die ziemlich schnell nachfolgenden Gesetze zumFamilien- und Erbrecht stehen zwar auch in dem Entwurf von 1936/40 gleich nach dem Allgemeinen Teil. Zu berücksichtigen ist aber, dass die beiden Bücher als relativ einfach hinsichtlich Regelungsinhalt und Gesetzestechnik gelten, v.a. im Vergleich zum Schuldrecht. Man brauchte für die Vorbereitung der beiden also weniger Aufwand und Kapazität. Die Schwierigkeit der Vorbereitung ist wohl der wichtigste Grund, warum das Schuldrechtsgesetz nicht nur als letztes Buch, sondern im Vergleich zu den anderen Büchern relativ spät verabschiedet wurde. Dass nach dem Schuldrecht noch ein völlig neu gefasstes AT-Gesetz 2002 verabschiedet wurde, liegt im Gesamtsystem begründet. Nachdem alle übrigen Einzelbereiche des Privatrechts die gesetzgeberisch festgelegten Rahmenbedingungen erfüllten, konnte man das AT-Gesetz von vielen Einzelregelungen entlasten. Nicht zu unterschätzen sind aber auch die inhaltlichen Fragen und Umstellungen in den Vorstellungen über die Aufgaben und Ziele der Privatrechtsreform, die sich seit der Mitte der neunziger Jahre durchgesetzt haben.

4. Inhaltliche Vorbilder aus Geschichte, Gegenwart und Zukunft

Das Sachenrechtsgesetz von 1993 mit seiner Anlehnung an den estnischen Entwurf der Vorkriegszeit und an das deutsche Sachenrecht hat bei den praktizierenden Juristen in Estland alsbald eine ziemliche Empörung und sogar einen gewissen Widerstand gegenüber der Privatrechtsreform überhaupt hervorgerufen. In sich ja schön reformgesinnt und vom Willen getragen, aus dem Sowjetrecht heraus zu gelangen, hat man doch schnell festgestellt, dass man vieles dazulernen, vieles auch umlernen soll. Auch die eigene estnische Rechtstradition in Gestalt des Vorkriegsentwurfs hat sich plötzlich als fremd und unvertraut herausgestellt. Das Heranziehen des deutschen Vorbilds bot darüber hinaus reichlich Grund für immer laueteres Gerede über das Aufzwingen fremden Rechts. Was man dabei als „eigenes Privatrecht“ oder als „genuin-estnische Privatrechtstradition“ vorstellen sollte, wurde allerdings nirgendwo klar ausgesprochen. Wie gesagt, war das Privatrecht der Estnischen Republik zwischen den Weltkriegen für die Juristen der neunziger Jahre ja ebenfalls fremd und förderte eine grundsätzliche Umstellung auf ein individuell angelegtes Privatrecht überhaupt.

Vielleicht als Reaktion auf den vom Sachenrechtsgesetz hervorgerufenen sog. Kulturschock kam es bei den folgenden Gesetzen zu einer gewissen Sowjetrechtsrenaissance oder zum Bleiben bei den schon bekannten und eingeübten Regelungen. Das AT-Gesetz von 1994 hat neben mehreren grundsätzlichen Veränderungen in Richtung auf ein modernes, auf individuelle Freiheit aufbauendes Privatrecht immerhin vieles von den Lösungen des Sowjetrechts beibehalten.[26] Das Familienrechtsgesetz von 1994 mit seinem realtiv großzügigen und einfachen Scheidungsrecht oder dem gesetzlichen Prinzip der Gütergemeinschaft im Ehevermögensrecht könnte man ebenfalls als eine Fortsetzung der sowjetischen familienrechtlichen Traditionen bezeichnen.[27] In dem spä-

---

26 S. auch *Mikk* (Fn. 1), S. 293 f.

27 Die Gütergemeinschaft im Ehevermögensrecht war für das vorsowjetische Privatrecht in Estland allerdings keine unbekannte Institution. Bis zum I. Weltkrieg ging

teren Verlauf der Privatrechtsreform hat man sich durch die Änderungen im AT-Gesetz und v.a. durch die nunmehr seit 2002 ganz neue Fassung des Gesetes von den Vorgegebenheiten des vorhergehenden sowjetischen Rechts allerdings immer mehr entfernt. Zum Familienrechtsgesetz gibt es ebenfalls einen neuen Entwurf.

Aus dem bislang Gesagten kann man wohl den Eindruck gewinnen, dass der Faktor „Europa“ gegenüber der Privatrechtsgeschichte in Estland und dem Vorbild Deutschland im konkreten Reformverlauf als Vorbild in den Hintergrund oder gar in Vergessenheit geraten war bzw. ist. Etwas zugespitzt könnte man sogar behaupten, dass bis etwa Mitte der neunziger Jahre die *deutsche Privatrechtsordnung* als *pars pro toto* stellvertretend auch für den Faktor Europa überhaupt betrachtet worden ist. Seitdem sich für Estland die konkrete EU-Perspektive eröffnet hat, hat sich der Faktor Europa für die Träger der estnischen Privatrechtsrefom einerseits von einer europäischen innerstaatlichen Rechtsordnung (Deutschland) auf mehrere europäischen Rechtsordnungen erweitert, andererseits v.a. die europäischen inter- und supranationalen Harmonisierungstendenzen und Erneuerungen mit umfasst.[28] Als Ausdruck der erstgenannten Verständniserweiterung gilt etwa das Erbrechtsgesetz von 1996. Neben dem estnischen Entwurf von 1940 und dem deutschen Erbrecht wurden verschiedene europäischen Erbrechtsordnungen (skandinavische Länder, Schweiz, Niederländer usw.) zum Vorbild genommen.

Für den weiteren Verlauf der Privatrechtsreform in Estland wurde aber v.a. die *EU-Perspektive* und überhaupt die Orientierung an den angeblichen oder möglichen Zukunftstendenzen ausschlaggebend. Es bedeutete gleichfalls eine gewisse Emanzipation von den Vorgaben der Privatrechtsgeschichte in Estland und einigermaßen auch von der Vorbildrechtsordnung Deutschland. Es begann mit dem sog. Handelsgesetz-

---

das Ehevermögensrecht der Mehrzahl der Bevölkerung in Estland, des Bauernstands von dem durch die Bauernrechte von der Mitte des 19. Jahrhunderts festgelegten Prinzip der Gütergemeinschaft aus. Zu den verschiedenen Regimen des Ehevermögensrechts in den ständisch und territoriell verschiedenen Privatrechten auf dem Territorium Estlands vor dem II. Weltkrieg eingehend und informativ *T. Anepaio*, Gütergemeinschaft – ein sowjetisches Überbleibsel? (estn.), Juridica 3/2002, S. 193-201.

28 Vgl. auch die Wortwahl in einer neuen Koalitionsvereinbarung von 1995: „Beim Ordnen des Rechts- und Gerichtssystems ist vom System Kontinantaleuropas und der Europäischen Union auszugehen”, zit. nach *Mikk* (Fn. 1), S. 296.

buch von 1995. Mit dem Titel „Handelsgesetzbuch" erinnert das Gesetzeswerk zwar an das Vorbild Deutschland, beinhaltet aber eigentlich nur das Gesellschaftsrecht. Im Unterschied zu Deutschland hat man in Estland auf die Zweispurigkeit in der zivilrechtlichen Gesetzgebung verzichtet. Entsprechend den angeblich innovativeren und zukunftsweisenderen Tendenzen hat man sich in Estland für eine einheitliche oder verbundene Kodifikation des Kaufmannsrechts und des sog. normalen oder individuellen Schuldrechts entschieden.

Vor allem die Vorbereitung des Schuldrechtsgesetzes hat die Umstellungen gegenüber den bisherigen Vorbildern am deutlichsten gezeigt. Erstens gab es überhaupt keine Diskussion darüber, ob man das europäische Richtlinienrecht in das Schuldrecht einbeziehen sollte oder die estnische Rechtsordnung etwa über entsprechende Einzelgesetze an das Richtlinienrecht anpassen könnte. Man war dabei, den ganzen und voraussichtlich sowieso sehr umfangreichen Schuldrechtsentwurf vorzubereiten. Das Richtlinienrecht in das Schuldrechtsgesetz einzubauen, war also nur eine von mehreren Aufgaben, die dem Entwurf gestellt wurden. Immerhin weicht dieser Punkt von dem *deutschen Vorbild* nicht sehr viel ab. Mit dem Verfahren des deutschen Schuldrechtsreformgesetzes ist es durchaus vergleichbar, und es ist klar, dass der deutsche Entwurf als eines der Hauptvorbilder für den estnischen Reformgesetzgeber gedient hat. Bei der Ausarbeitung des estnischen Schuldrechtsgesetzes hat man sich u.a. in Vielem auf das deutsche Vorbild gestützt. Es waren aber nicht so sehr die BGB-Vorschriften. Es haben die estnischen Reformkräfte eher die späteren Entwicklungen in der deutschen Rechtsdogmatik und Praxis angelockt, die im Vergleich zu dem tragenden Gedankengut des BGB als gegenwartsgerechter oder gar zukunftsweisender empfunden worden sind.[29]

29 Ob so ein Urteil gegenüber dem BGB-Recht und neuen dogmatischen Figuren des 20. Jahrhunderts berechtigt ist, sei hier dahingestellt. Es gibt in Deutschland immerhin rechtshistorisch quellenmässig und exakt angelegte Untersuchungen, die die verbreiteten Vorurteile über die Blutlosigkeit bzw. Sozialfeindlichkeit des BGB widerlegen. Vgl. etwa zum Problem der angeblich kurzgreifenden Sachmängelhaftung des Verkäufers im BGB *S. Hofer*, Der Schadensersatzanspruch des Käufers bei Sachmängeln – Grundsätze, Wertungen und Konstruktionen, Archiv für die civilistische Praxis 201 (2001), S. 275-292. Es ist zu erwarten, dass der angekündigte Historisch-Kritische Kommentar zum BGB (Fn. 11) viele rechtshistorische Forschungsergebnisse zusammenfasst und zügig greifbar macht.

Darüber hinaus kann man gerade bei der Ausarbeitung des Schuldrechtsgesetzes sehen, wie der estnische Reformgesetzgeber immer mehr an Selbstbewusstsein gewonnen hat u.a. gegenüber dem Vorbild Deutschland, sei es nun historisch oder gegenwartsbezogen gemeint. Das Einbeziehen des Kaufmannsrechts in das Schuldrecht hatte zur Folge, dass man die Vorschriften zu den entsprechenden Rechtsgeschäften nach den Prinzipien des UN-Kaufrechts gestalten sollte oder zumindest wollte. Ein Schritt führte zum nächsten, und die Prinzipien des Europäischen Vertragsrechts der sog. *Lando-Kommission* und anderer Arbeitsgruppen für die Privatrechtsharmonisierung in Europa waren für das estnische Schuldrechtsgesetz ebenfalls ausschlaggebend. Man hält das alles in Estland für zukunftweisender als die etwas zurückhaltenderen Lösungen des deutschen Schuldrechtsreformgesetzes oder der anderen europäischen Privatrechtsgesetzgebungen.[30] Durch die intensive Einbeziehung des sog. Prinzipienrechts ist man im estnischen Schuldrechtsgesetz zu Regelungen gelangt, die wegen ihrer Großzügigkeit in Generalklauseln manchem strengen und v.a. historisch informierten deutschen Juristen als ein Startsignal für justizielle Horrorgeschichten erscheinen könnten. Treu und Glauben, gute Sitten usw. sind nach dem estnischen Schuldrechtsgesetz (§§ 5-7) nicht nur etwa Korrektionsmitteln für den Fall der offensichtlichen Ungerechtigkeit des einzelnen Schuldverhältnisses, sondern die allgemeinen und vor die Klammer gesetzten Prinzipien des Schuldrechts.[31] Dass die praktische Handhabung der großzügigen Generalklauseln im kleinen Estland des 21. Jahrhunderts zu keinen Rechtsmissbräuchen führt wie etwa in den großen Unrechtsdespotien des 20. Jahrhunderts (v.a. KP-Sowjetunion und NS-Deutschland), kann man allerdings nur hoffen. Eine strenge, gesetzlich gezogene Grenze gibt es nicht.

Vor allem durch das Schuldrechtsgesetz, das neue Gesetz zum Allgemeinen Teil und durch die weitgehenden Änderungen im Sachen-

---

30 Exemplarisch zum estnischen Reformoptimismus und zum Glauben, dass man durch das schnelle Zugreifen bei den zukunftsorientierten Regelwerken für die europäische Privatrechtsharmonisierung besser und v.a. schneller dran ist als die Verzögerer *Käerdi* (Fn. 5), S. 82 ff.; vgl. dort auch den Diskussionsbericht von *P. Zobel*, S. 89-92.

31 Zum Grundsatz von Treu und Glauben gibt es mittlerweile eine estnische Doktorarbeit: *I. Kull*, Hea usu põhimõte kaasaegses lepinguõiguses. Tartu 2002 (Dissertationes iuridicae universitatis Tartuensis 8) mit englischer Zusammenfassung (Principle of good faith in modern contract law): S. 220-230.

rechtsgesetz von 2002 und 2003 will sich die estnische Privatrechtsreform als besonders innovatorisch und antizipatorisch (u.a. die europäische Privatrechtsharmonisierung vorwegnehmend) begreifen. Der zu Beginn der estnischen Privatrechtsreform noch ziemlich ernst genommene Gedanke der Kontinuität und Weiterpflege der estnischen Privatrechtsradition der Zwischenkriegszeit ist bei jener *Zukunftsbegeisterung* eher zum Erschlaffen gekommen. Es betrifft allerdings auch die sog. Überbleibsel des Sowjetrechts, die während der Reformarbeiten Schritt für Schritt beiseite gelegt wurden. Geblieben sind die hier mehrfach genannten Vorbilder Deutschland, die anderen europäischen Privatrechtsordnungen der Gegenwart und die europäischen Rechtsharmonisierungsvorhaben.

Inwieweit sich das alles in Einklang bringen lässt und was von der einzigartigen Mischung der juristisch-technisch relativ strengen deutschen Rechtstradition mit den zunächst noch etwas vagen europäischen Zukunftsvisionen im Bereich des Privatrechts in dem alltäglichen Geschäft der estnischen Praxis herauskommt, bleibt abzuwarten. Dies betrifft auch die Frage, ob man die Privatrechtsreform in Estland überhaupt als gelungen bewerten kann. Die Schaffung der gesetzlichen Grundlagen und Rahmenbedingungen ist besonders für das Privatrecht nur ein Rahmen, der von den Akteuren des Privatrechtslebens mit Inhalt zu füllen ist. Die bewusste oder unbewusste Weiterpflege der lokalen Rechtstraditionen ist dabei keinesfalls auszuschließen. In dem Sinn bleibt wohl auch Estlands Rechtsgeschichte immer noch der Aufmerksamkeit wert, u.a. für den künftigen Verlauf der Privatrechtsreform.

DR. IUR. KRISTI LAND, TARTU (DORPAT)*

Eigentumsreform der Estnischen Republik und Restitutionsansprüche der Deutschbalten

INHALT

I. EINFÜHRUNG

Die Wiedererlangung der Selbständigkeit der Estnischen Republik wurde durch den Beginn der Demokratisierungsprozesse in der Sowjetunion möglich. Mit dem am 16. November 1988 vom Obersten Sowjet der Sozialistischen Republik Estland angenommenen Gesetz über die *Änderungen und Ergänzungen in der Verfassung der Estnischen Sowjetrepublik*[1] und der Deklaration über die *Souveränität der Estnischen Sozialistischen Republik*[2] wurden die Grundsätze der Souveränität und Selbstbestimmung und der Vorrang der Republiksgesetze vor den Gesetzen der Sowjetunion betont.

---

* Die Autorin ist Lektorin für Völker- und Europarecht an der Universität Tartu.

1 Eesti Nõukogude Sotsialistliku Vabariigi Ülemnõukogu ja Valitsuse Teataja (ENSV ÜVT) (Gesetzblatt des Parlaments und der Regierung der Estnischen Sowjetrepublik) 1988, Nr. 48, Pos. 684.

2 ENSV ÜVT 1988, Nr. 48, Pos. 685.

Die darauf folgenden Akte, wie der Beschluss des Obersten Sowjets der Sozialistischen Estnischen Republik über den *Status Estlands* v. 30. März 1990[3] und der Beschluss des Obersten Sowjets der Estnischen Republik v. 7. August 1990 über die *Beziehungen zwischen der Estnischen Republik und der Sowjetunion*[4] deklarierten die *Unrechtmäßigkeit der Okkupation Estlands* durch die Sowjetunion und das Weiterbestehen der Estnischen Republik nach dem 16. Juni 1940.

Nachfolgend wird untersucht, welchen Einfluss diese Entwicklungen auf die Eigentumsreform gehabt haben und welche Probleme im Laufe dieser Reform in Verbindung mit den Restitutionsansprüchen der deutschbaltischen Umsiedler entstanden sind. Hierbei wird ein Einblick in die diesbezügliche estnische Gesetzgebung und Rechtsprechung gewährt. Der Aufsatz konzentriert sich auf das Gesetz über die Grundlagen der Eigentumsreform und auf seinen Durchführungsbeschluss, weil eben hier die problematische Stellung der Deutschbalten ihren Ursprung hat. Die im Aufsatz angeführten Gesetzeszitate sind Übersetzungen der Autorin.

II. GESCHICHTLICHER ÜBERBLICK ÜBER DIE EIGENTUMSREFORM

Im Hinblick auf die Eigentumsreform war von erster Wichtigkeit das am 13. Juni 1990 angenommene *Eigentumsgesetz*[5], in dem die Eigentumsverhältnisse in der Übergangsperiode festgelegt und die Eigentumsreform vorbereitet wurde. In der Präambel dieses Gesetzes setzte man sich das Ziel, die Eigentumsverhältnisse durch die Privatisierung, Denationalisierung und Rückgabe des Vermögens an die ehemaligen Eigentümer zu reformieren.

Die Vorbereitung der Eigentumsreform setzte sich fort mit der Annahme des Beschlusses über die *Vorbereitung der Eigentums- und Land-*

3 ENSV ÜVT 1990, Nr. 12, Pos. 180.

4 Eesti Vabariigi Riigi Teataja (EV RT) (Staatsanzeiger der Estnischen Republik) 1990, Nr. 5, Pos. 64.

5 Eesti Vabariigi Ülemnõukogu ja Valitsuse Teataja (EV ÜVT) (Gesetzblatt des Parlaments und der Regierung der Estnischen Republik) 1990, Nr. 20, Pos. 299.

reform v. 25. März 1991[6] und mit der VO über die *Regeln der Antragsannahme von ehemaligen Eigentümern und ihren Erben* v. 27. Mai 1991[7].

Diesen folgte der Beschluss des Obersten Sowjet der Estnischen Republik v. 19. Dezember 1990 über die *Wiederherstellung der Kontinuität des Eigentumsrechts*[8]. In diesem Beschluss, der deklarativer Art ist, hat sich der Staat das Ziel gesetzt, während der Okkupationszeit rechtswidrig enteignetes Vermögen an die Personen zurückzugeben, denen es vor dem 17. Juni 1940 (vor der Annexion) gehört hat. Im Beschluss wird darauf hingewiesen, dass die Änderung der Eigentumsverhältnisse durch die Sowjetmacht gewaltsam und nicht rechtsmäßig war und dem im Völkerrecht anerkannten Grundsatz der Unverletzlichkeit des Vermögens widersprach. Der Oberste Sowjet der Estnischen Republik hat daher deklariert, dass die Rechtsakte der estnischen Sowjetrepublik bezüglich der Änderung der Eigentumsverhältnisse durch die Nationalisierung oder Kollektivierung ebenso wie die dazugehörenden Durchführungsakte rechtswidrig waren.

Die Grundlage für die tatsächliche Rückgabe und Entschädigung des enteigneten oder kollektivierten Vermögens gab das Gesetz über die *Grundlagen der Eigentumsreform*, das am 13. Juni 1991 verabschiedet wurde und schon am 20. Juni des gleichen Jahres seine Gültigkeit erlangte[9]. Das Gesetz bestimmt Ziel, Inhalt, Subjekte und Objekte der Reform, sowie die Regeln für ihre Durchführung.

Das Gesetz über die Grundlagen der Eigentumsreform ist Ausgangspunkt für weitere, mit der Reform verbundene Gesetze gewesen. So folgten z.B.: das Gesetz über die Landreform, das Gesetz über die Landwirtschaftsreform, das Gesetz über die Privatisierung und das Gesetz über die Privatisierung der Wohnräume.

Zur Durchführung der Eigentumsreform wurden örtliche Kommissionen zur Rückgabe des rechtswidrig enteigneten Vermögens eingesetzt, die ermächtigt wurden, eine Entscheidung darüber zu treffen, ob eine Person Berechtigter (rechtmäßiger Eigentümer am 16. Juni 1940 oder

---

6 Riigi Teataja (RT) (Staatsanzeiger) 1991, Nr. 10, Pos. 151.
7 RT 1991, Nr. 19, Pos. 249.
8 RT 1990, Nr. 22, Pos. 280.
9 RT 1991, Nr. 21, Pos. 257; 2002, Nr. 53, Pos. 336. Das Gesetz ist durch den Gesetzgeber bis heute etwa 29 Mal geändert oder ergänzt worden.

sein Nachfolger) im Sinne des Gesetzes ist und ob das im Antrag angegebene Vermögen zum Objekt der Reform gehört. Aufgrund der Entscheidung der örtlichen Kommission konnte die zuständige örtliche Selbstverwaltung die Entscheidung über die Rückgabe oder Entschädigung des Vermögens fällen.

III. RÜCKÜBERTRAGUNG ODER WIEDERHERSTELLUNG DER EIGENTUMSRECHTE

Die erste Frage in Verbindung mit der Eigentumsreform ist, ob Personen, die am 16. Juni 1940 rechtsmäßige Eigentümer waren, mit der Reform erneut Eigentumsrechte an ihrem alten Vermögen erwerben oder ob sie die Eigentumsrechte nie verloren haben und mit der Reform rechtswidrig weggenommenes Vermögen wieder zurückerlangen.

Die überwiegend vertretene Meinung[10] geht von der Idee der *Wiederherstellung der Eigentumsrechte* aus. Wie ist dies aber zu begründen, wenn man von der Kontinuität des Staates und der Rechtswidrigkeit der Beschlüsse der Okkupationsmacht ausgeht? Im Völkerrecht vertritt man die Meinung, dass die Annexion völkerrechtlich kein zulässiger Grund für einen Gebietserwerb ist. Das hieße, dass durch die rechtswidrige Tätigkeit einer rechtswidrigen Macht das Eigentum nicht verloren gegangen sein kann. Da die Enteignungen nach dem 16. Juni 1940 von der Okkupationsmacht vorgenommen wurden, könnten sie rechtlich gesehen keine Auswirkungen auf das Eigentum gehabt haben, denn aus dem Unrecht kann kein Recht entstehen. Somit müsste das Eigentum die ganze Annexionszeit hinüber erhalten geblieben sein.

Eine andere Möglichkeit wäre, bei der Bewertung der Annexion von dem *Effektivitätsgrundsatz* auszugehen. Nach dieser Theorie führt eine längere Ausübung der Gebietshoheit durch eine Annexionsmacht über

10 Siehe z.B.: Stenogramme des Obersten Sowjets der Estnischen Republik v. 25. März 1991, S. 23, 31; Stenogramme des Obersten Sowjets der Estnischen Republik v. 8. Mai 1991, S. 77; Stenogramme des Obersten Sowjets der Estnischen Republik v. 10. Juni 1991, S. 13, 108. Vgl. auch Beschluss des Staatsgerichts Nr. III-3/1-42/95 v. 8. Dezember 1995, RT III/1995, Nr. 5, Pos. 72.

die Ersitzung zu einem völkerrechtlichen Gebietswechsel.[11] Wenn man dies unterstützen würde, könnte man daraus folgernd fragen, ob eine 50jährige Gebietshoheit doch den tatsächlichen Übergang des Eigentums aufgrund der rechtmäßigen Rechtsakten dieser Okkupationsmacht[12] erwirkt hat und mit den Reformen nun die Rückgabe des Eigentums an die ehemaligen Eigentümer stattfindet.

Dass man in Estland jedoch nicht davon ausgeht, dass die Annexion und die Tätigkeit der Okkupationsmacht rechtmäßig und akzeptabel waren oder zwischen der Estnischen Sowjetrepublik und der Estnischen Republik eine Rechtsnachfolge stattgefunden hat, bezeugen die Formulierungen der Akte und Deklarationen der Übergangsperiode über die Kontinuität des Staates und der Rechtswidrigkeit der Annexion.

Auch wenn die Frage nach einer rechtlichen Begründung der herrschenden Meinung hier unbeantwortet bleibt, kann die Erläuterung der möglichen Ansprüche der Deutschbalten in der Eigentumsreform fortgesetzt werden, da mit der Reform den Personen, die am 16. Juni 1940 rechtmäßige Eigentümer gewesen sind, die Möglichkeit gegeben worden ist, ihr Vermögen zurückzubekommen oder dafür entschädigt werden zu können.

IV. GESETZLICHE GRUNDLAGEN FÜR RÜCKGABE UND ENTSCHÄDIGUNG

Um die uns interessierenden Restitutionsansprüche der Deutschbalten bei der Eigentumsreform bestimmen zu können, muss ein Überblick über

---

11 Zu dieser Theorie s. *J. Delbrück/R. Wolfrum*, Völkerrecht, Band I/1, Berlin-New York 1989, S, 361, 368.

12 Das sowjetische Zivilrecht definierte eine rechtmäßige Verstaatlichung als eine aufgrund eines Normativaktes gegen den Willen des Eigentümers durchgeführte entschädigungslose oder entschädigte Übergabe des Vermögens an den Staat, so *P. Ploom*, Nõukogude tsiviilõigus. Üldosa (Sozialistisches Zivilrecht. Allgemeiner Teil), hrsg. v. *J. Ananjeva u.a.*, Tallinn 1971, S. 211 f. S. auch *P. Kask*, Eesti NSV tsiviilkoodeks. Kommenteeritud väljaanne (Zivilkodex der Estnischen SSR. Kommentierte Ausgabe), hrsg: v. *J. Ananjeva/P. Kask/E. Laasik*, Tallinn 1969, S. 129. Zu der Ansicht, dass die Estnische Sowjetrepublik tatsächlich die Eigentümerin dieses Vermögens wurde, s. *A. Otsa*, Eigentumsreform in der Estnischen Republik. Diplomarbeit, Tartu Ülikool 1991, S. 18.

die diesbezügliche gesetzliche Regulation gegeben werden. Als erstes ist hierbei das „Gesetz über die Grundlagen der Eigentumsreform“[13] im Hinblick auf das Objekt und Subjekt der Reform zu untersuchen. Das Gesetz definiert die rechtswidrige Enteignung des Vermögens folgendermaßen:

> „§ 6 Begriff der rechtswidrigen Enteignung des Vermögens
> (1) Die rechtswidrige Enteignung des Vermögens ist die Wegnahme des Vermögens gegen den Willen des Eigentümers oder die Versetzung des Eigentümers in die Lage, in der er durch die reale Repressaliengefahr zur Weggabe oder zum Verlassen seines Vermögens gezwungen war, wenn die Normativakte, aufgrund derer die Enteignung stattgefunden hat, für rechtswidrig erklärt worden sind oder wenn das Eigentum aufgrund von rechtswidrigen Beschlüssen oder durch Willkür der Beamten enteignet wurde.
> (2) Rechtswidrige Enteignungen des Vermögens im Sinne dieses Gesetzes sind durch die Nationalisierung oder Kollektivierung, durch rechtswidrige Repressionen, darunter während der Massenrepressionen und auf sonstiger im Abs. 1 genannten Kriterien entsprechender Weise im Zeitraum v. 16. Juni 1940 bis 1. Juni 1981 stattgefundenen Enteignungen.
> (3) Rechtswidrige Repression im Sinne dieses Gesetzes ist entweder gerichtliche oder außergerichtliche Repression (Todesstrafe, Freiheitsentzug, Verbannung, Deportation) aufgrund eines rechtswidrigen oder später für rechtswidrig erklärten Beschlusses.
> (4) Reale Repressaliengefahr im Sinne dieses Gesetzes ist die Gefahr einer gerichtlichen oder außengerichtlichen Repression (Todesstrafe, Freiheitsentzug, Verbannung, Deportation).
> (5) Rechtswidrig enteignetes Vermögen wird zurückgegeben oder entschädigt unabhängig davon auf welcher im Abs. 2 genannten Weise die Enteignung stattgefunden hat, [...].“

Das Gesetz über die Grundlagen der Eigentumsreform legt ebenfalls im § 7 die berechtigten Personen der Reform fest. Bis zum 1. März 1997 hatte er folgenden Wortlaut:

> „§ 7 Ehemalige Eigentümer des Vermögens als berechtigte Personen der Eigentumsreform
> (1) Berechtigt, die Rückgabe oder die Entschädigung des rechtswidrig enteigneten Vermögens zu verlangen, sind:

13 RT 1991, Nr. 21, Pos. 257; 2002, Nr. 53, Pos. 336.

1) natürliche Personen, deren Vermögen nationalisiert oder kollektiviert wurde, ebenso wie die Personen, deren Vermögen während der rechtswidrigen Repressionen enteignet wurde, die aber rehabilitiert sind, wenn sie zum Zeitpunkt des Inkrafttretens dieses Gesetzes ihren ständigen Wohnsitz auf dem Gebiet der Estnischen Republik haben, das der Jurisdiktion der Estnischen Republik unterworfen ist, oder wenn sie am 16. Juni 1940 estnische Staatsbürger waren;
2) natürliche Personen, deren Vermögen rechtswidrig aufgrund von rechtswidrigen Beschlüssen oder durch die Willkür der Beamten enteignet wurde oder die wegen der realen Repressionsgefahr gezwungen waren ihr Vermögen wegzugeben oder zu verlassen, wenn sie zum Zeitpunkt des Inkrafttretens dieses Gesetzes ihren ständigen Wohnsitz auf dem Gebiet der Estnischen Republik haben, das der Jurisdiktion der estnischen Republik unterworfen ist, oder wenn sie am 16. Juni 1940 estnische Staatsbürger waren und wenn die Rechtswidrigkeit des Beschlusses, Willkür der Beamten oder reale Repressionsgefahr gerichtlich bewiesen ist;
3) natürliche Personen, die Erben der in diesem Absatz Pkt. 1-2 genannten Personen im Sinne des § 8 dieses Gesetzes sind ...; [...].
(2) Die Anträge auf die Rückgabe oder Entschädigung des rechtswidrig enteigneten Vermögens der auswärtigen Staaten, ihren juristischen Personen oder ihrer Bürger und der staatenlosen Personen bezüglich ihres früheren Eigentums in der Estnischen Republik, werden gemäß dem Abkommen zwischen der Estnischen Republik und dem entsprechenden Staat bearbeitet."

Wenn nun die Deutschbalten den oben angeführten Kriterien entsprechen, nimmt man an, dass sie zu den berechtigten Personen der Eigentumsreform zu zählen sind und gemäß dem Gesetz die Rückgabe oder Entschädigung ihres Vermögens verlangen können. Doch die Ansprüche der Deutschbalten auf die Rückgabe oder Entschädigung des Vermögens können nur durch diese Regel allein nicht endgültig geklärt werden. Bei der Feststellung der Ansprüche muss der Beschluss zur Durchführung des Gesetzes über die Grundlagen der Eigentumsreform[14] hinzugezogen werden. Mit diesem Beschluss wurde eine Sonderregelung für die Umsiedler eingeführt, die Estland aufgrund der Verträge mit dem Deutschen Reich verlassen haben. Der Pkt. 5 des Beschlusses besagte:

„Die Fragen der Rückgabe und Entschädigung des rechtswidrig enteigneten Vermögens der berechtigten Personen der Eigentumsreform, die Estland

14 RT 1991, Nr. 21, Pos. 258.

> aufgrund der mit dem Deutschen Reich abgeschlossenen Verträge verlassen haben, werden auf die in den zwischenstaatlichen Verträgen vorgesehene Weise entschieden“

Auf die Geltung dieser Bestimmung wurde in der VO der Regierung über die Regeln der Rückgabe und Entschädigung des rechtswidrig enteigneten Vermögens aus dem Jahre 1993[15] nochmals hingewiesen. Und doch sind bei der Anwendung des Pkt. 5 der Durchführungsverordnung (im Folgenden: DVO) in Verbindung mit dem Gesetz über die Grundlagen der Eigentumsreform durch die falsche Auslegung und Anwendung der Gesetze bei der Bearbeitung der Anträge der Deutschbalten auf die Rückgabe oder Entschädigung des Vermögens ernste Probleme entstanden. So wurde in der früheren Praxis Pkt. 5 DVO von den örtlichen Kommissionen und Selbstverwaltungen ganz außer Acht gelassen oder falsch ausgelegt und somit das Gesetz über die Grundlagen der Eigentumsreform falsch angewendet.

Um die Regelung bezüglich der berechtigten Subjekte alle in einer Vorschrift zu fixieren, hat der Gesetzgeber Pkt. 5 DVO ab dem 2. März 1997 für ungültig erklärt[16] und eine dieser Regel ähnelnde Bestimmung in das Gesetz über die Grundlagen der Eigentumsreform in § 7 Abs. 3 aufgenommen. In der momentan gültigen Fassung hat diese Bestimmung folgenden Wortlaut:

> „§ 7 (3) Die Anträge auf Rückgabe und Entschädigung des rechtswidrig enteigneten Vermögens der Personen, die Estland aufgrund der mit dem Deutschen Reich abgeschlossenen Verträge verlassen haben, bezüglich ihres früheren Vermögens, das sich in der Estnischen Republik befand, werden gemäß dem zwischenstaatlichen Abkommen bearbeitet.“

Obgleich nun alle die berechtigten Personen betreffenden Bestimmungen in einem Gesetz zusammengefasst waren, sind die Probleme bei der Anwendung und Auslegung dieser Vorschrift geblieben. Insbesondere auch weil das in der Bestimmung erwähnte Abkommen, das die Fragen der Rückgabe oder Entschädigung des rechtswidrig enteigneten Vermögens an die deutschbaltische Umsiedler regeln soll, nicht abgeschlossen wurde.

---

15 RT (Teil I) 1993, Nr. 7, Pos. 106, 2002, Nr. 101, Pos. 597.

16 RT (Teil I) 1997, Nr. 13, Pos. 210.

V. AUSLEGUNGSPROBLEME

Die erste Frage, die in der Praxis große Unstimmigkeiten entstehen ließ, war, ob die Deutschbalten, die Estland aufgrund der Verträge mit dem Deutschen Reich verlassen haben, überhaupt berechtigte Personen der Eigentumsreform sind. Die zweite Frage, die verschiedene Auslegungen verursacht hat, war, welche mit dem Deutschen Reich abgeschlossenen Verträge (aufgrund derer die Umsiedlung stattfand) im Gesetz gemeint sind und bei der Bearbeitung der Anträge auf Rückgabe oder Entschädigung des Vermögens berücksichtigt werden müssen. Und die dritte Frage, die in der Praxis aufgeworfen wurde, betraf die Qualifizierung des Vermögens der Umsiedler als rechtswidrig enteignetes Vermögen.

Es sind mehrere Klagen in Verbindung mit der Rückgabe oder Entschädigung des rechtswidrig enteigneten Vermögens der deutschbaltischen Umsiedler eingereicht worden. Zum einem wurden die Klagen von den umgesiedelten Deutschbalten oder ihren Nachkommen eingereicht, und zum anderen von den Bewohnern der sog. Umsiedler-Häuser.

Die Klagen der Deutschbalten und ihrer Nachkommen waren gegen die Tätigkeit und Beschlüsse der örtlichen Kommissionen oder Selbstverwaltungen gerichtet, die zuerst die Deutschbalten zu berechtigten Personen der Eigentumsreform erklärt, dann aber diese Entscheidungen wieder aufgehoben hatten. Die Klagen der Bewohner der sog. Umsiedler-Häuser richteten sich gegen die Beschlüsse der örtlichen Kommissionen oder Selbstverwaltungen, welche die Deutschbalten zu berechtigte Personen erklärt hatten. In ihren Klageschriften wurde hervorgehoben, dass die Rückgabe an die Deutschbalten nicht rechtmäßig sei, da sie gemäß Gesetz keine berechtigten Personen der Eigentumsreform sein können. Das Interesse der Bewohner lag v.a. darin, die Wohnungen im Haus, in dem sie schon lange gelebt haben, zu privatisieren.

1. Deutschbalten als berechtigte Subjekte

Aus dem Wortlaut des bis 1997 gültigen Pkt. 5 DVO könnte man folgern, dass die Personen, die nach Deutschland umgesiedelt sind und deren Vermögen rechtswidrig enteignet wurde, grundsätzlich den Kriterien eines berechtigten Subjekts der Eigentumsreform entsprechen; doch sollen die Fragen der Rückgabe und Entschädigung ihres Vermögens nicht gemäß den innerstaatlichen Reformgesetzen, sondern gemäß einem bilateralen Abkommen entschieden werden.

In der Praxis ist man jedoch von dieser Regel abgewichen. In der früheren Praxis der Durchführung der Reform kam es häufig vor, dass die Umsiedler zu berechtigten Subjekten erklärt wurden und eine Entscheidung über die Rückübertragung des Vermögens gemäß innerstaatlicher Gesetze gefällt wurde. Die jüngere Rechtsprechung erkannte den Fehler bei der Anwendung der Rechtsvorschriften (die Fragen über die Rückgabe sollten aufgrund der internationalen Verträge und nicht nach innerstaatlichen Gesetzen entschieden werden) und hob Rückgabe- oder Entschädigungsbeschlüsse auf.

Insbesondere schienen nun die Politiker die Meinung zu vertreten, dass die umgesiedelten Deutschbalten von Anfang an nicht als berechtigte Personen der Eigentumsreform betrachtet wurden. Dies kommt in den Kommentaren zu den Gesetzesänderungsentwürfen, mit welchen man die chaotische Lage bei der Anwendbarkeit des § 7 abzuschaffen hoffte, zum Ausdruck. Zwei dieser Vorschläge lehnen die Anerkennung der Deutschbalten als berechtigte Subjekte der Eigentumsreform ab[17]. Ein Entwurf sah die klare Anerkennung der umgesiedelten Deutschbalten als berechtigte Personen vor[18]. Doch sogar beim Kommentar zu diesem Entwurf, wurde von Justizminister *M. Rask* bei seiner Rede im Parla-

---

17 Gesetzesänderungsentwurf 1128 SE mit Kommentar v. 13. Januar 1999 (erhältlich online: http://web.riigikogu.ee/ems/index.html) (estn.). Durch die Beendigung des Parlamentsmandats konnte dieser Entwurf im März 1999 nicht mehr weiter verhandelt werden; In der Rede am 27. Januar 1999 vor dem Parlament hat Justizminister *P. Varul* gesagt: „Die theoretische Möglichkeit, das Vermögen zurück zu bekommen, muss aus der Bestimmung herausgenommen werden, weil sie (*umgesiedelte Deutschbalten*) eigentlich nie berechtigte Subjekte gewesen sind. Gegenteilige Meinung vertretend würde man die Entscheidung von 1991 deutlich ändern und den Kreis der Berechtigten erweitern", Stenogramme des Parlaments der Estnischen Republik v. 27. Januar 1999, Band I, S. 287; S. auch den letzten Gesetzesänderungsentwurf 15 SE mit Kommentar v. 1. April 2003 (erhältlich online: http://web.riigikogu.ee/ems/index.html) (estn.).

18 Gesetzesänderungsentwurf 96 SE mit Kommentar v. 17. Mai 1999 (erhältlich online http://web.riigikogu.ee/ems/index.html) (estn.). Der Vorschlag sah die Aufhebung des bisherigen § 7 Abs. 3 vor. Das Vermögen der Personen, die Estland im Jahre 1941 verlassen haben, sollte zu dem durch die Repressaliengefahr verlassenen Vermögen gezählt werden. Der Entwurf wurde am 13. Februar 2002 zurückgezogen.

ment erwähnt, dass bei der Verabschiedung des Gesetzes über die Grundlagen der Eigentumsreform entschieden wurde, dass die Umsiedler nach Deutschland nicht zum Kreis der Subjekte der Eigentumsreform gehören[19].

Wurde die Nichtanerkennung der deutschbaltischen Umsiedler als berechtigte Subjekte mit der *Gesetzesänderung im Jahre 1997*[20] im Gesetz fixiert?

Bei der Einführung des Pkt. 5 DVO in den § 7 des Gesetzes über die Grundlagen der Eigentumsreform wurde in der Tat eine Änderung im Wortlaut der Regel vorgenommen. Aus der Bestimmung wurde der Ausdruck „berechtigte Personen der Eigentumsreform" herausgenommen[21].

War nun hieraus zu folgern, dass die Umsiedler früher als berechtigte Personen der Eigentumsreform gegolten haben, nach der Gesetzesänderung im Jahre 1997 aber nicht mehr? Teilweise wurde tatsächlich die Meinung geäußert, dass der frühere Wortlaut die Qualifizierung der Deutschbalten als Berechtigte erlaubte, die neue Redaktion aus dem Jahre 1997 die Möglichkeit die Umsiedler als berechtigte Subjekte der Reform zu betrachten, aber entziehe[22].

Die Meinung, dass es sich bei § 7 Abs. 3 des Gesetzes über die Grundlagen der Eigentumsreform und Pkt. 5 DVO um Bestimmungen gleichen Inhalts und Umfangs handelt, ist von den Regierungsvertretern vor dem Parlament[23] und vom Staatsgericht[24] bestätigt worden. Somit muss davon ausgegangen werden, dass die Gesetzesänderung von 1997

---

19 Stenogramme des Parlaments der Estnischen Republik v. 24. November 1999, Bd. VII, S. 1183.

20 S. Fn. 16.

21 Der Ausdruck wurde bei der Umschreibung des Pkt. 5 der DVO in der VO der Regierung über die Regeln der Rückgabe und Entschädigung des rechtswidrig enteigneten Vermögens von 1993 ebenfalls nicht benutzt, RT I/1993, Nr. 7, Pos. 106.

22 Siehe bei der Entscheidung des Tallinner Appellationsgerichts Nr. II-3/258/01 v. 28. November 2001, S. 3 vorgebrachte Meinung des Apellanten in der erstinstanzlichen Verhandlung; Vgl. ebenfalls die Argumente des Klägers in der Verwaltungssache Nr. 3-663/2001 v. 14. Dezember 2001 im Tallinner Verwaltungsgericht, S. 1 (Entscheidungen erhältlich online: http://kola.just.ee) (estn.).

23 So z.B. Justizminister *P. Varul* vor dem Parlament, Stenogramme des Parlaments der Estnischen Republik v. 29. Januar 1997, Band I, S. 216

24 Siehe z.B.: Beschluss des Staatsgerichts Nr. 3-3-1-6-99 v. 22. März 1999, RT III/1999, Nr. 10, Pos. 102; Entscheidung des Staatsgerichts Nr. 3-3-1-23-01 v. 15. Mai 2001, RT III/1999, Nr. 17, Pos. 178.

keine Korrekturen in der Stellung der deutschbaltischen Umsiedler vorgenommen hat.

Da Pkt. 5 DVO den Eindruck vermittelte, dass die umgesiedelten Deutschbalten zu berechtigten Personen der Reform gezählt werden könnten, ist die Frage nach der Bedeutung des Begriffs „berechtigtes Subjekt“ aufgeworfen worden.

Mit der Auslegung des Begriffs mussten sich die Gerichte schon während der Geltung des Pkt. 5 DVO beschäftigen. Sie haben darauf hingewiesen[25], dass der Ausdruck „berechtigte Subjekte der Eigentumsreform“ im Pkt. 5 DVO nicht so auszulegen ist, dass die umgesiedelten Deutschbalten durch die zuständigen Organe (örtliche Kommissionen) zu berechtigten Personen der Reform gemäß dem Gesetz über die Grundlagen der Eigentumsreform erklärt werden können und ihnen gemäß dem Gesetz das Vermögen zurückgegeben werden kann. Der Ausdruck „berechtigte Subjekte“ sage indes nur aus, dass diese Personen berechtigt sind, einen Antrag auf die Rückgabe des Vermögens zu stellen; die Bearbeitung dieser Anträge aber ***nur gemäß den zwischenstaatlichen Abkommen*** stattfinden kann. Es wird darauf hingewiesen, dass die VO der Regierung zu den Regeln über die Einreichung und Bearbeitung der Anträge[26] die Begriffe „Antragsteller“ und „berechtigtes Subjekt“ als Synonyme benutzt. Der Ausdruck „berechtigtes Subjekt“ im Pkt. 5 DVO hätte keine Ähnlichkeit mit der heute geltenden Auslegung des Begriffs, wonach diejenige eine berechtigte Person ist, die vom zuständigen Amt für berechtigt erklärt wird.

Doch sogar wenn man den Begriff „berechtigtes Subjekt“ durch den Ausdruck „Antragsteller“ ersetzt, ändert es nichts an der undeutlichen Lage der Umsiedler. Es ändert sich nichts daran, dass es offen bleibt, ob und wann solche Personen ihr Vermögen zurückbekommen könnten.

In einer seiner späteren Entscheidungen hat auch das Staatsgericht betont, dass die Ausführungen zu dem Begriff „berechtigtes Subjekt“ nicht so auszulegen sind, dass diese Personen eindeutig keinen Anspruch

---

25 So z.B.: Beschluss des Staatsgerichts Nr. 3-3-1-6-99, Teil III, Jahr 1999, Nr. 10, Pos. 102; Entscheidung des Tallinner Appellationsgerichts Nr. II-3/315/01 v. 10. Oktober 2001, S. 6 (erhältlich online: http://kola.just.ee) (estn.).

26 RT 1991, Nr. 28, Pos. 335.

auf Rückgabe oder Entschädigung des Vermögens haben[27]. Diesen Anspruch kann man erst aufgrund eines im Gesetz erwähnten Abkommens, das bisher nicht abgeschlossen worden ist, bestimmen.

Warum so eine Sonderregelung in das Gesetz aufgenommen wurde, wird aus den Stenogrammen des Parlaments nicht ersichtlich. Zum Teil wird die Meinung vertreten, dass eine solche Bestimmung in sich die Hoffnung trug, eine Entschädigung durch Deutschland oder Russland zu erhalten[28].

Obwohl oft die Meinung vertreten wird, dass die umgesiedelten Deutschbalten von Anfang an nicht zum Kreis der Berechtigten gezählt werden sollten, kann man damit *nicht* einverstanden sein. Es kann nicht außer Acht gelassen werden, dass nach dem Wortlaut des Pkt. 5 DVO sowie § 7 Abs. 3 des Gesetzes über die Grundlagen der Eigentumsreform der Anspruch der umgesiedelten Deutschbalten auf die Rückgabe der Entschädigung des Vermögens in der Eigentumsreform, nicht eindeutig ausgeschlossen werden kann.

2. Verträge mit dem Deutschen Reich

Den Kreis der Personen, die durch diese umstrittene Bestimmung betroffen sind, könnte man einengen, wenn man die in der Bestimmung (Pkt. 5 DVO sowie § 7 Abs. 3 des Gesetzes über die Grundlagen der Eigentumsreform) erwähnten „Verträge mit dem Deutschen Reich" bestimmen könnte.

Doch auch hier herrschte Uneinigkeit darüber, welche Verträge als „mit dem Deutschen Reich abgeschlossene" angesehen werden sollten. In den Diskussionen wurden hauptsächlich[29] folgende Abkommen hervorgehoben:

---

27 Entscheidung des Staatsgerichts Nr. 3-4-1-5-02 v. 28. Oktober 2002, RT III/2002, Nr. 28, Pos. 308.

28 *S. Oviir*, Poliitilised mängud Baltisakslaste vara ümber. Justiiskuritegu. Baltisakslastele vara tagasi ehk Molotovi-Rippentropi pakt Nr. 2 1939-1940, 1999-2000 (Politische Spiele um das Vermögen der Deutschbalten. Justizverbrechen. Das Vermögen dem Deutschbalten zurück oder Molotov-Rippentop Pakt Nr. 2 1939-1940, 1999-2000), Tallinn 2000, S. 16.

29 Vereinzelt wird die Frage aufgeworfen, ob in der Bestimmung auch Verträge zwischen dem Deutschen Reich und Schweden gemeint worden sind. Siehe z.B.: Frage an den Justizminister von *V. Hansen*, Stenogramme des Parlaments der Estnischen

- das zwischen der Estnischen Republik und dem Deutschen Reich am 15. Oktober 1939 abgeschlossene Protokoll über die Umsiedlung der deutschen Volksgruppe Estlands in das Deutsche Reich;
- das zwischen der Estnischen Republik und dem Deutschen Reich am 6. April 1940 in Berlin unterzeichnete Zusatzprotokoll zum Protokoll über die Umsiedlung der deutschen Volksgruppe Estlands in das Deutsche Reich v. 15. Oktober 1939;
- die Vereinbarung zwischen der Deutschen Reichsregierung und der Regierung der Union der Sozialistischen Sowjetrepubliken über die Umsiedlung von Reichsdeutschen und Volksdeutschen aus den Gebieten der Lettischen und Estnischen Sozialistischen Sowjetrepubliken in das Deutsche Reich v. 10. Januar 1941 mit dem Zusatzprotokoll;
- das Abkommen zwischen dem Deutschen Reich und der Union der Sozialistischen Sowjetrepubliken über die Regelung der gegenseitigen Vermögensansprüche betreffend Litauen, Lettland und Estland v. 10. Januar 1941.

Zweifelhaft ist die Heranziehung der Verträge zwischen dem Deutschen Reich und der Sowjetunion. Man fragt sich, wie man sich auf Verträge, die zwischen dritten Staaten abgeschlossen wurden und deren Rechtmäßigkeit anzuzweifeln ist, beziehen kann.

Doch geht die herrschende Meinung davon aus, dass in der Vorschrift *auch die Verträge mit der Sowjetunion* gemeint sind. So war das Staatsgericht in seinen Entscheidungen bei der Auslegung des § 7 Abs. 3 des Gesetzes über die Grundlagen der Eigentumsreform der Ansicht, dass in der Bestimmung Verträge zwischen Estland und dem Deutschen Reich sowie der Sowjetunion und dem Deutschen Reich gemeint sind, weil der Wortlaut nicht verlangt, dass eine Partei des Vertrags Estland sein muss[30].

Republik v. 27. Januar 1999, Band I, S. 287 f.; *J. Leivategija*, Haldusmenetlus õigustatud subjektide kindlaksmääramisel ja õigusvastaselt võõrandatud varade tagastamisel omandireformi käigus, Diplomitöö (Verwaltungsverfahren in der Eigentumsreform bei der Bestimmung der berechtigten Subjekte und bei der Rückgabe des rechtswidrig enteigneten Vermögens, Diplomarbeit), Tartu Ülikool 1997, S. 16.

30 Beschluss des Staatsgerichts Nr. 3-3-1-6-99 v. 22. März 1999, RT III/1999, Nr. 10, Pos. 102 (bestätigt später durch die Entscheidung des Staatsgerichts Nr. 3-3-1-23-01 v. 15. Mai 2001, RT III/1999, Nr. 17, Pos. 178 und Nr. 3-4-1-5-02 v. 28. Oktober 2002, RT III/2002, Nr. 28, Pos. 308; s. auch Justizminister *P. Varul* vor dem Parlament, Stenogramme des Parlaments der Estnischen Republik v. 29. Januar 1997, Band I, S. 224 und v. 27. Januar 1999, Band I, S. 287 ff.

Dieser Auslegung des Staatsgerichts fügte das Tallinner Appellationsgericht in der Verwaltungssache Nr. II-3/315/01[31] hinzu, dass die Tatsache, dass die Verträge nicht für die Estnische Republik gültig sind, bei der Auslegung der Bestimmung keine Bedeutung hat. Der Gesetzgeber hätte die Andersbehandlung der Personen von einem historischen Faktum abhängig gemacht und keine Bewertung der Gültigkeit der Verträge vorgenommen. Das Gericht wies ebenfalls daraufhin, dass die Stellungnahmen vereinzelter ehemaliger Regierungsvertreter[32] bei der Auslegung der Bestimmung nicht entscheidend sein können.

Die *Andersbehandlung der Umsiedler* (dass die Rückgabe gemäß Abkommen entschieden werden soll) durch den Gesetzgeber sah das Tallinner Appellationsgericht[33] als einleuchtend an, wenn man die Lage der Menschen, die in Estland geblieben sind, und die derjenigen, die umgesiedelt sind, vergleicht. Das Gericht geht von der Überlegung aus, dass die Umsiedler ihr Vermögen bewusst an die Deutsche Treuhandsverwaltung oder an die örtlichen Organe der Sowjetunion bei Beachtung der geltenden Übergabeordnung übergegeben haben und gewusst haben, dass sie damit Eigentumsrechte an diesem Vermögen verlieren. Das Gericht fügt hinzu, dass, falls bewiesen wäre, dass diese Personen für die Enteignung Entschädigung erhalten haben, sie gemäß dem Gesetz über die Grundlagen der Eigentumsreform keine Rückgabe oder Entschädigung mehr beantragen könnten. Die Andersbehandlung der deutschbaltischen Umsiedler auf die Weise, dass ihre möglichen Restitutionsansprüche in einem zwischenstaatlichen Abkommen geregelt werden sollten,

31 Entscheidung des Tallinner Appellationsgerichts in der Verwaltungssache Nr. II-3/315/01 v. 10. Oktober 2001, S. 7 (erhältlich online: http://kola.just.ee) (estn.); bestätigt durch die Entscheidung des Staatsgerichts Nr. 3-4-1-5-02 v. 28. Oktober 2002, RT III/2002, Nr. 28, Pos. 308.

32 Hierbei ist anscheinend die Stellungnahme von *E. Lippmaa* gemeint, der 1991 zum Regierungskabinett gehört hat. Bei der Erörterung des Änderungen des Gesetzes über die Grundlagen der Eigentumsreform (1128 SE I Lesung) hatte er geäußert, dass die Regierung 1991 genau den Unterschied zwischen den Verträgen mit Estland und der Sowjetunion verstanden hat. Er wies darauf hin, dass die Regierung davon Kenntnis besaß, dass die Sowjetunion 1989 diese Verträge für nichtig erklärt hatte. Stenogramme des Parlaments der Estnischen Republik v. 27. Januar 1999, Band I, S. 287 f.

33 Entscheidung des Tallinner Appellationsgerichts Nr. II-3/315/01 v. 10. Oktober 2001, S. 8 (http://kola.just.ee) (estn.).

sieht das Gericht als begründet an, weil nur so feststellbar wäre, wer schon entschädigt wurde und wer nicht.

Somit geht die heute herrschende Meinung davon aus, dass im Gesetz über die Grundlagen der Eigentumsreform die Verträge des Deutschen Reichs mit Estland und mit der Sowjetunion gemeint sind.

3. Ausgangspunkt enteignetes Vermögen

Die dritte Frage, die v.a. in der früheren Praxis (zu der Zeit, als man die Deutschbalten noch für berechtigte Subjekte erklärt hat und die Rückübertragung des Vermögens gemäß dem Gesetz über die Grundlagen der Eigentumsreform irrtümlich für möglich hielt) bei der Anwendung des Gesetzes und seiner Durchführungsverordnung aufgeworfen wurde, war, welches Vermögen der Umsiedler als *rechtswidrig* enteignetes zu qualifizieren ist. Man konzentrierte sich bei der Anwendung der Rechtsvorschriften auf den Zeitpunkt bzw. die Art der Enteignung des Vermögens und dachte, hier eine Lösung für die Festlegung des Kreises der berechtigten Subjekte zu finden.

Bei der Beurteilung, was zum rechtswidrig enteigneten Vermögen der umgesiedelten Deutschbalten gehört, findet man insgesamt *drei verschiedene Auslegungen*. Die erste Auslegung ging davon aus, dass rechtswidrig enteignetes Vermögen nur solches Vermögen ist, das vor dem Abschluss der Verträge mit dem Deutschen Reich rechtswidrig nationalisiert war. Die zweite Auslegung ging davon aus, dass zu dem rechtswidrig enteigneten Vermögen auch das Vermögen zu zählen ist, das gemäß dem Vertrag mit dem Deutschen Reich übergegeben wurde. Die dritte Auslegung ging davon aus, dass zum rechtswidrig enteigneten Vermögen nur solches Vermögen gehört, das gemäß der Verträge mit dem Deutschen Reich übergegangen war[34].

Die erste Auslegung ging offenbar von der Überlegung aus, dass aufgrund der Verträge übergegebenes Vermögen nicht rechtswidrig enteignet sein kann, weil es freiwillig geschah; die zweite davon, dass die

34 Die angeführten Auslegungen der Gerichte sind zusammengefasst von *D. Polman*, Eigentumsreform und die Umsiedler nach Deutschland als berechtigte Subjekte der Eigentumsreform, Juridica 3/1999, S. 136 ff. (estn.); s. auch seine Aussagen als Vertreter des Kassators beim Staatsgericht, Beschluss des Staatsgerichts Nr. 3-3-1-6-99 v. 22. März 1999, RT III/1999, Nr. 10, Pos. 102.

Umsiedler nicht wirklich freiwillig das Vermögen gemäß der Verträge den zuständigen Organen überlassen haben, sondern nur aufgrund der realen Repressaliengefahr. Die Beweggründe für die dritte Auslegung sind schwer nachzuvollziehen, da sie mit dem Gesetz über die Grundlagen der Eigentumsreform § 6 im Widerspruch steht.

Der Meinung, dass man bei der Festlegung des Kreises der berechtigten Subjekte nur auf den Zeitpunkt oder die Art der Enteignung abstellen kann, lag anscheinend die Überlegung zu Grunde, dass von den Enteignungen betroffene Personen nicht unterschiedlich behandelt werden können, nur weil einige von ihnen nach Deutschland umgesiedelt sind. Diese Annährung ist jedoch mit dem Wortlaut des Gesetzes und seiner Durchführungsverordnung nicht im Einklang. Die Rechtsvorschriften sind ganz klar ohne Ausnahmen an alle Umsiedler gerichtet ist und stellen in ihren Regelungen nicht den Zeitpunkt oder die Art der Enteignung in den Vordergrund[35].

Die Qualifizierung des rechtswidrig enteigneten Vermögens der umgesiedelten Deutschbalten wird eigentlich erst aktuell, wenn die reale Rückgabe oder Entschädigung des Vermögens möglich sein wird. Zum jetzigen Zeitpunkt hilft dieser Auslegungsaspekt bei der Klärung der Situation aber nicht weiter, weil unklar ist, ob die umgesiedelten Deutschbalten überhaupt einen Anspruch auf die Rückgabe oder Entschädigung des Vermögens haben.

VI. PRINZIP DER UNVERLETZLICHKEIT DES VERMÖGENS IM GRUNDGESETZ UND IM ERSTEN PROTOKOLL DER EMRK

Eine zusätzliche Problematik, die im Laufe der Eigentumsreform entstanden ist, ist die Vereinbarkeit des Gesetzes über die Grundlagen der Eigentumsreform § 7 Abs. 3 und des Pkt. 5 seiner Durchführungsverordnung mit der *Europäischen Menschenrechtskonvention* in Verbindung mit dem Ersten Zusatzprotokoll und mit dem Grundgesetz. Es ist die Frage aufgeworfen worden, ob die unterschiedliche Behandlung des Vermögens, welches am 16. Juni 1940 den rechtmäßigen Eigentümern

35 Bestätigt durch den Beschluss des Staatsgerichts Nr. 3-3-1-6-99 v. 22. März 1999, RT III/1999, Nr. 10, Pos. 102.

enteignet wurde, aufgrund der Tatsache der Umsiedlung, im Hinblick auf den Grundsatz der Unverletzlichkeit des Eigentums gerechtfertigt ist.

Es ist darauf hinzuweisen, dass der Grundsatz der Andersbehandlung der deutschbaltischen Umsiedler schon vor dem Inkrafttreten der Menschenrechtskonvention für Estland am 16. April 1996 und vor dem Inkrafttreten des Grundgesetzes am 28. Juni 1992 im Pkt. 5 der Durchführungsverordnung des Gesetzes über die Grundlagen der Eigentumsreform fixiert war. Zudem ist von Estland bei der Ratifizierung des Ersten Zusatzprotokolls der EMRK ein *Vorbehalt* angebracht worden, der die Gesetze der Eigentumsreform aus dem Geltungsbereich des Protokolls herausnimmt[36].

Bezüglich der Unvereinbarkeit mit dem *Grundgesetz* hat das Staatsgericht im Jahre 1995[37] die Meinung vertreten, dass das im Grundgesetz verankerte Prinzip der Unverletzlichkeit des Eigentums nicht auf das Eigentum anwendbar ist, das vor dem Inkrafttreten des Grundgesetzes enteignet wurde, da das Grundgesetz *keine Rückwirkung* haben kann. Die Unvereinbarkeit mit der EMRK sei ebenfalls nicht vorhanden, weil aus ihr keine Verpflichtung für Estland, das Vermögen zu entschädigen, das durch einen anderen Staat enteignet wurde, abgeleitet werden kann[38].

Ein anderer Aspekt ist, dass der Vorbehalt Estlands zum 1. Protokoll sich nur auf die Reformgesetze in dem am 16. April 1996 gültigen Wortlaut erstreckt, § 7 Abs. 3 des Gesetzes über die Grundlagen der Eigentumsreform in seinem Wortlaut aber 1997 geändert wurde. Hierzu ist man der Meinung gewesen[39], dass der Vorbehalt zum Ersten Protokoll der EMRK sich auch auf den Wortlaut dieser Gesetzesänderung erstreckt, weil Pkt. 5 DVO und § 7 Abs. 3 Bestimmungen gleichen Inhalts

---

36 RT, Teil II, Jahr 1996, Nr. 11/12, Pos. 34.

37 Beschluss des Staatsgerichts Nr. III-3/1-42/95 v. 8. Dezember 1995, RT III/1995, Nr. 5, Pos. 72.

38 Entscheidung des Staatsgerichts Nr. 3-3-1-23-01 v. 15. Mai 2001, RT III/1999, Nr. 17, Pos. 178. In der Entscheidung Nr. 3-4-1-5-02 v. 28. Oktober 2002 fügt das Staatsgericht hinzu, dass der Beschluss, durch die Verletzung des Eigentumsrechts entstandenes Unrecht zu entschädigen, aus dem Grundsatz des demokratischen Rechtsstaats abgeleitet und dadurch möglich wurde, dass das Vermögen zu diesem Zeitpunkt überwiegend im Besitz des Staates war, RT III/2002, Nr. 28, Pos. 308.

39 S. z.B. Entscheidung des Tallinner Appellationsgerichts Nr. II-3/315/01 v. 10. Oktober 2001, S. 7 (online erhältlich: http://kola.just.ee) (estn.).

sind und im Grunde eine Regelung von der DVO in den Gesetzesrang gehoben wurde, ohne eine neue Regelung zu schaffen.

VII. JÜNGERE ENTWICKLUNG UND AUSBLICK

Zum jetzigen Zeitpunkt ist die Eigentumsreform durch die Entscheidung des Staatsgerichts in der Verfassungsgerichtsbarkeitsache v. 28. Oktober 2002[40] gestoppt. Das Gericht befand, dass § 7 Abs. 3 des Gesetzes über die Grundlagen der Eigentumsreform gegen die § 13 Abs. 2 (jedermann wird durch das Gesetz vor dem Willkür der Staatsmacht beschützt) und § 14 (Grundsatz des Schutzes der Rechte und Pflichten durch Gesetzgeber, vollziehende Macht und Rechtssprechung) des Grundgesetzes verstößt, weil seit über zehn Jahren nicht geklärt worden ist, ob die umgesiedelten Deutschbalten ihr Vermögen zurückverlangen können oder ob die in den sog. Umsiedler-Häuser wohnenden Menschen die Wohnungen privatisieren können. Da dieser Verstoß festgestellt wurde, sah das Gericht keine Möglichkeit, die Vereinbarkeit des § 7 Abs. 3 mit dem Diskriminierungsverbot zu überprüfen.

Das Staatsgericht kam zu dem Ergebnis, dass es § 7 Abs. 3 nicht für ungültig klären kann, weil sonst einigen Umsiedlern das Vermögen gemäß dem Gesetz über die Grundlagen der Eigentumsreform zurückgegeben werden muss, das Gesetz in seinem Wortlaut dies momentan aber nicht erlaubt. Eine solche Entscheidung wäre somit eine politische und kann nicht vom Gericht, sondern nur vom Gesetzgeber gefällt werden. Bis diese Entscheidung durch den Gesetzgeber gefällt wird, können aber die Fragen der Rückgabe oder Entschädigung des Vermögens nicht gelöst werden. Deswegen hat das Staatsgericht den Gesetzgeber verpflichtet, diesen Schwebezustand zu beenden und eine klare Regelung zu treffen.

In Verbindung damit wurde am 1. April 2003 von vier Mitgliedern des Parlaments ein Gesetzesentwurf zur Änderung des § 7 Abs. 3 des Gesetzes über die Grundlagen der Eigentumsreform[41] eingereicht. Der Entwurf schlägt für den § 7 Abs. 3 folgenden Wortlaut vor:

---

40 RT III/2002, Nr. 28, Pos. 308.

41 Gesetzesänderungsentwurf 15 SE mit Kommentar v. 1. April 2003 (erhältlich online: http://web.riigikogu.ee/ems/index.html) (estn.).

„Personen die aufgrund der mit dem Deutschen Reich abgeschlossenen Verträge Estland verlassen haben, sind nicht berechtigte Personen der Eigentumsreform bezüglich des ihnen gehörenden und von ihnen vor dem Verlassen Estlands rechtswidrig enteigneten Vermögens."

Wenn eine Änderung des Gesetzes in dieser Form angenommen wird, könnten hier neue Probleme bei der Anwendung entstehen. Man könnte fragen, ob der im Grundgesetz festgelegte Grundsatz der Gleichheit aller Personen vor dem Gesetz bzw. das Diskriminierungsverbot, verletzt wären. Es bleibt strittig, ob die Ungleichbehandlung der umgesiedelten estnischen Staatsbürger deutscher Abstammung, die rechtmäßige Eigentümer am 16. Juni 1940 waren, insbesondere im Vergleich mit dem umgesiedelten Schwedenbalten, ausreichend zu begründen wäre.

RECHTSANWÄLTIN DACE L. LUTERS-THÜMMEL*, DÜSSELDORF

Die EU-Osterweiterung aus der Perspektive eines kleinen Beitrittskandidaten (Lettland)

INHALT

I. EINFÜHRUNG

Nachdem der Beitrittsvertrag[1] am 16. April 2003 in Athen unterzeichnet wurde und wir nach mehreren positiven Referenda in anderen Beitritts-

* Dace L. Luters-Thümmel ist 1. Vorsitzende der Deutsch-Lettischen Juristenvereinigung e.V. (http://www.dljv.de) und selbständige Rechtsanwältin in Düsseldorf.

kandidatenländern[2] nun auch gespannt den Ausgang des auf den 20. September 2003 angesetzten lettischen Referendums erwarten, gilt es auf das in den vergangenen zehn Jahren Erreichte zurückzuschauen und einen Blick auf die mögliche weitere Entwicklung zu werfen[3].

II. ZUR ENTSTEHUNG DES EUROPAGEDANKENS – MOTIVATIONEN FÜR DEN BEITRITT

Nach der Wiedererlangung der Unabhängigkeit 1990[4] konnten sich viele Menschen zunächst nicht vorstellen, dass die Republik Lettland wieder einmal einer Union angehören könnte. Die 50-jährige widerrechtliche Okkupation und Unrechtsdiktatur durch die Sowjetunion hatte so tiefe Wunden hinterlassen, dass keiner sich erneut einem (zumindest vermeintlichen) Diktat aus einer – egal ob nun im Osten oder im Westen liegenden – Zentrale unterordnen wollte. Da man die Rechtsvorschriften der EU ohnehin umzusetzen habe, wurde das Wortspiel, die Europäische

---

1 Vertrag zwischen dem Königreich Belgien, dem Königreich Dänemark, der Bundesrepublik Deutschland, der Hellenischen Republik, dem Königreich Spanien, der Französischen Republik, Irland, der Italienischen Republik, dem Großherzogtum Luxemburg, dem Königreich der Niederlande, der Republik Österreich, der Portugiesischen Republik, der Republik Finnland, dem Königreich Schweden, dem Vereinigten Königreich Großbritannien und Nordirland (Mitgliedstaaten der Europäischen Union) und der Tschechischen Republik, der Republik Estland, der Republik Zypern, der Republik Lettland, der Republik Litauen, der Republik Ungarn, der Republik Malta, der Republik Polen, der Republik Slowenien, der Slowakischen Republik über den Beitritt der Tschechischen Republik, der Republik Estland, der Republik Zypern, der Republik Lettland, der Republik Litauen, der Republik Ungarn, der Republik Malta, der Republik Polen, der Republik Slowenien und der Slowakischen Republik zur Europäischen Union, AA 2003 endgültig, unter http://europa.eu.int/comm/enlargement.

2 Aktueller Überblick unter: http://europa.eu.int/comm/enlargement/negotiations/accession_process_de.htm.

3 Die nachfolgenden Betrachtungen wurden verfasst aus dem Blickwinkel einer im Auftrag der Europäischen Kommission durchgeführten, mehrjährigen Beratungstätigkeit für die lettischen Legislativ- und Exekutivorgane, insbesondere für den *Saeima* (lettisches Parlament) und das Justizministerium, im Zuge der Angleichung lettischen Rechts an den *Acquis Communautaire*. Sie spiegeln ausschließlich die Meinung der Autorin wider.

4 Unabhängigkeitserklärung vom 4. Mai 1990, lett. Amtsblatt v. 15. Mai 1990, Nr. 20.

Union sei wie die *Sowjetunion,* bei Kritikern des EU-Beitritts Lettlands[5] über lange Zeit zum geflügelten Wort.

Welche Gründe sind es also, die die Zugehörigkeit zur EU für einen nordosteuropäischen Staat, der gerade erst begonnen hat, das Gefühl der Freiheit und Selbstständigkeit wieder zu entdecken, so attraktiv machen? Denn eines ist unbestritten: ein Beitritt zur EU wird zwangsläufig auch zu einer teilweisen Abgabe der Gesetzesinitiativrechte und Gesetzgebungskompetenzen an eine überstaatliche Institution, eine supranationale Organisation führen. Welches sind also die Hintergründe, die letztlich zur Bildung der EU geführt haben?

Die *Anfänge des Europagedankens*[6] lassen sich bis in das 14. Jahrhundert zurückverfolgen. Seit dieser Zeit haben sich Philosophen, Politiker und Historiker wie auch Juristen mit dem Gedanken der europäischen Integration auseinandergesetzt. Als die Einheit des Römischen Reiches in eine Vielzahl souveräner Staaten zerfiel, die nur lose durch die gemeinsame Kultur und die Kirche zusammengehalten wurden, begann man sich der ehemals politischen Einheit zu erinnern. Die religiöse Spaltung, Hegemoniebestrebungen einzelner Staaten, der aufkeimende Imperialismus sowie das Einsetzen des Kolonialismus taten ihr Übriges dazu, dass sich immer mehr Stimmen dafür aussprachen, die zunehmend von Partikularinteressen bestimmte Spaltung Europas durch erneute Annäherungsbemühungen zu überwinden.

Einer der maßgebenden Grundpfeiler des Europagedankens war und ist der Gedanke der *Friedenssicherung*. Bereits um 1305 verfasste der französische Jurist *Pierre Dubois* sein Werk „De recuperatione Terre Sancte“, in dem er die Schaffung einer politischen Einheit Europas als die Grundvoraussetzung für einen dauerhaften Frieden ansah.

Als einer der weiteren Gründe für eine europäische Integration wurde seit jeher auch die *Förderung von Wirtschaft und Handel* gesehen. 1605 hatte *Tommaso Campanella* in seinem Buch „Monarchia Messiae“ bereits die wirtschaftlichen Vorteile einer Völkergemeinschaft herausgestellt. 1623 folgte ihm der Pariser Mönch *Emeric Crucé* in seinem Werk „Le Nouveau Cyneé“, in dem er die besondere Bedeutung des Friedens für die Förderung von Wirtschaft und Handel herausstrich.

---

5 Vor allem im lettischen Parlament.

6 Vgl. hierzu den historischen Überblick bei *M. Schweitzer/W. Hummer*, Europarecht, 1996, S. 9 ff. m.w.N.

Natürlich darf in dieser Aufzählung auch nicht der Gedanke *europäischer Machterhaltung gegenüber nichteuropäischen Großmächten* fehlen. So hat u.a. *Conrad Friedrich Schmidt-Phiseldek* schon 1820 im Hinblick auf das europäisch-amerikanische Verhältnis in seinem Buch „Europa und Amerika oder die zukünftigen Verhältnisse der civilisierten Welt" auf die Notwendigkeit einer europäischen Einigung aus Gründen der europäischen Machterhaltung gegenüber Amerika hingewiesen. Eine Zielsetzung, die vor dem Hintergrund des kürzlich geführten Irak-Krieges der Vereinigten Staaten von Amerika, nichts an Aktualität eingebüßt hat.

Auch der Gedanke der *Überstaatlichkeit eines die Souveränität der Einzelstaaten beschränkenden Verbundes*, wie der EU, lässt sich bis 1462 zurückverfolgen. Damals schlug der König von Böhmen einen Bündnis- und Föderationsvertrag mit König *Ludwig XI.* und dem Hohen Rat von Venedig zur Bekämpfung der Türken vor. Darin war die Schaffung eines Bundes mit eigenen Organen, u.a. einer Versammlung mit mehrheitlichen Abstimmungsrechten vorgesehen, bei der einzelne Mitglieder überstimmt und damit in ihrer Souveränität eingeschränkt werden konnten.

Diese Grundideen haben auch im 20. Jahrhundert ihre Fortsetzung erfahren. Unter dem Eindruck des 1. Weltkrieges setzte sich *Graf von Coudenhove-Kalergi* für einen Stufenplan zur Bildung der „Vereinigten Staaten von Europa" ein und gründete 1923 die *Paneuropa-Union.* Der damalige Ehrenpräsident der Paneuropa-Bewegung, der französische Ministerpräsident und Außenminister *Aristide Briand* schlug in seinem „Briand-Memorandum" von 1930 eine Union in Form eines Staatenbundes mit einem gemeinsamen Markt vor, doch war er damals seiner Zeit noch weit voraus: die Regierungen Deutschlands, Großbritanniens und Italiens standen seiner Idee mit Skepsis und Ablehnung gegenüber, so dass sich dieser Vorschlag nicht verwirklichen ließ.

Es bedurfte erst der bitteren Erfahrungen des 2. Weltkrieges, der durch ein übersteigertes Nationalbewusstsein und den Nationalsozialismus ausgelöst worden war, bis man sich wieder auf den Gedanken der europäischen Integration zurück besann.

Das neu gegründete Komitee der Bewegung für die Einheit Europas veranstaltete 1948 in Den Haag einen Europakongress, der die Schaffung einer wirtschaftlichen und politischen Union forderte, die allen Völkern Europas offenstehen sollte, die unter einem demokratischen System leben und sich verpflichten, eine Charta der Menschenrechte zu achten. Der Kongress mündete in die Gründung der *Europäischen Bewegung* und führte 1949 schließlich zur Gründung des *Europarates*, dem sich Lettland erst nach Wiedererlangung seiner Unabhängigkeit am 10. Februar 1995[7] anschließen konnte.

Diesem politischen Zusammenschluss souveräner Staaten folgte 1951 der Beginn einer zunächst wirtschaftlichen Integration Europas mit der Gründung der Europäischen Gemeinschaft für Kohle und Stahl (EGKS) und 1957 mit der Gründung der Europäischen Wirtschaftsgemeinschaft (EWG) sowie der Europäischen Atomgemeinschaft (EAG). Die sich daran anschließende Entwicklung hat mit den Verträgen von Maastricht, Amsterdam und Nizza vorläufig ihren Endstand erreicht. Das ursprünglich zur Friedenssicherung und Einbindung Deutschlands auf die Kohle- und Stahlindustrie beschränkte System einer europäischen Wirtschaftsgemeinschaft hat längst seine ursprünglichen Dimensionen mit der Erweiterung des Vertragssystems auf drei Säulen gesprengt. Neben den ursprünglichen sachlichen Geltungsbereich der Gründungsverträge, wurde das Unionsrecht auf den Bereich der Gemeinsamen Außen- und Sicherheitspolitik und der Zusammenarbeit in den Bereichen Justiz und Inneres ausgedehnt.

Damit hat sich die europäische Integrationsidee mit dem Ziel der Zusammenführung der demokratischen Wertegemeinschaft, der Friedenssicherung und der Förderung von Wirtschaft und Handel in einem Gesamtvertragswerk verwirklicht. So haben die Mitgliedstaaten der EU in der Präambel des EU-Vertrages[8] nochmals bekräftigt, dass sie

- „[sich] zu den Grundsätzen der Freiheit, der Demokratie und der Achtung der Menschenrechte und Grundfreiheiten und der Rechtsstaatlichkeit [bekennen und dass sie]
- [entschlossen sind,] die Stärkung und die Konvergenz ihrer Volkswirtschaften herbeizuführen und eine Wirtschafts- und Währungsunion zu errichten, die [...] eine einheitliche [...] Währung einschließt, ... [und dass sie]
- [entschlossen sind,] eine Gemeinsame Außen- und Sicherheitspolitik zu verfolgen, wozu [...] auch die schrittweise Festlegung einer gemeinsamen Verteidigungspolitik gehört“.

---

7 Unter http://conventions.coe.int/Treaty/EN/cadreprincipal.htm; s. auch das Gesetz über die Satzung des Europarates, lett. Amtsblatt v. 14. Februar 1995, Nr. 23.

8 In der Fassung des Amsterdamer Vertrags, s. Vertragstext veröffentlicht in *Thun-Hohenstein*, Der Vertrag von Amsterdam, Wien, 1997, S. 131 ff.

An diesem Entwicklungsprozess von der EGKS hin zur EU, d.h. einem, wie es das Bundesverfassungsgericht einmal formuliert hat, „Staatenverbund zur Verwirklichung einer immer engeren Union der – staatlich organisierten – Völker Europas“[9] haben bislang weder die Republik Lettland noch deren Bürger einen aktiven Anteil nehmen können[10].

III. DER WEG ZUM GIPFEL VON KOPENHAGEN 2002

Nachdem am 18. Juli 1994 zunächst ein *Freihandelsabkommen* zwischen den Europäischen Gemeinschaften und Lettland zustande kam, das am 1. Januar 1995[11] in Kraft trat, stellte Lettland am 27. Oktober 1995 seinen offiziellen Antrag zur Aufnahme in die EU[12]. Das daraufhin am 1. Februar 1998 in Kraft getretene *Europaabkommen*[13] (EA) diente dann als Ausgangspunkt für die Aufholjagd Lettlands zur Überwindung eines teilweise bereits Jahrzehnte währenden Integrationsvorsprungs der jetzigen EU-Mitgliedstaaten.

So sieht Art. 69 EA vor, dass Lettland „sich darum bemühen (wird), dass seine Rechtsvorschriften schrittweise mit dem Gemeinschaftsrecht vereinbar werden.“ Zu den Kernbereichen der anzugleichenden Rechtsmaterie zählen danach gemäß Art. 70 EA insbesondere „ Zollrecht, Gesellschaftsrecht, Bankenrecht, Rechnungslegung der Unternehmen und Steuern, geistiges Eigentum, Finanzdienstleistungen, Wettbewerbsregeln, Schutz der Gesundheit und des Lebens von Menschen, Tieren und Pflanzen, Schutz der Arbeitnehmer einschließlich Gesundheit und Sicherheit am Arbeitsplatz, Verbraucherschutz, indirekte Steuern, techni-

---

9 Sog. Maastricht-Urteil, BVerfGE 89, 155.

10 Die derzeitigen Arbeiten des Europäischen Konvents, an dessen Erörterungen auch Vertreter der beitrittswilligen Länder teilnehmen, bleiben in dieser Betrachtung unberücksichtigt.

11 Gesetz über den Vertrag über den freien Handel und mit dem Handel verbundenen Angelegenheiten zwischen der Europäischen Gemeinschaft, der Europäischen Atomgemeinschaft und der Europäischen Kohle- und Stahlgemeinschaft auf der einen Seite und der Republik Lettland auf der anderen Seite, lett. Amtsblatt v. 29. November 1994, Nr. 139.

12 Siehe unter http://www.am.gov.lv/en/?id=883#1995.

13 Europa-Abkommen zur Gründung einer Assoziation zwischen den Europäischen Gemeinschaften und ihren Mitgliedstaaten einerseits und der Republik Lettland andererseits, lett. Amtsblatt v. 12. September 1995, Nr. 138, und BGBl. 1996 II, 1880.

sche Vorschriften und Normen, Rechts- und Verwaltungsvorschriften für den Nuklearbereich, Verkehr, Telekommunikation, Umwelt, Öffentliches Auftragswesen, Statistik, Produkthaftung, Arbeitsrecht und Gewerberecht."

Mit dem sog. *Nationalen Programm* der lettischen Regierung vom April 1998 setzte man sich aber ein noch ehrgeizigeres Ziel, nämlich die gesamte Übernahme des *Acquis communautaire*. Dies bedeutete im Klartext, dass man auf die eine oder andere Weise ein Konvolut von Rechtsvorschriften (12.000 Rechtsakte) im Umfang von mindestens 80.000 Seiten bewältigen wollte.

Im Gegensatz zu der vorherigen Erweiterungsrunde von 1993/1994 mit Österreich, Finnland und Schweden wurde die Messlatte für einen Beitritt bei allen mittel-und osteuropäischen Kandidaten außerdem noch um den Nachweis der Erfüllung der sog. *Kopenhagener Kriterien* erhöht.

Der Europäische Rat von Kopenhagen stellte für die Bewerberländer im Juni 1993 neben der vollständigen Übernahme des Acquis folgende weitere Beitrittskriterien auf:

1. *die politischen Kriterien*:
- die Gewährleistung von Demokratie und Rechtsstaatlichkeit,
- die Achtung der Menschenrechte,
- der Schutz von Minderheiten;
2. *die wirtschaftlichen Kriterien:*
- eine funktionierende Marktwirtschaft,
- die Fähigkeit, dem Wettbewerbsdruck und den Marktkräften innerhalb der Union standzuhalten;
3. *die Fähigkeit zur Übernahme der aus der Mitgliedschaft erwachsenden Verpflichtungen*;[14]
4. *die Fähigkeit der Verwaltungsstrukturen zur Umsetzung des Acquis, d.h. die Fähigkeit zur Umsetzung europäischer Rechtsnormen und Rechtsgrundsätze.*

Die Ausgangspositionen der Anwärter konnten unterschiedlicher nicht sein. So hatte die Europäische Kommission zunächst zwei Gruppen gebildet. Die Verhandlungen mit der sog. ersten Beitrittsrunde, d.h. Polen, Tschechien, Ungarn, Slowenien und Estland (als auch Zypern) wurden

14 So u.a. die Eingliederung in einen Binnenmarkt ohne Grenzen, Herstellung einer Wirtschafts- und Währungsunion, Wahrnehmung europäischer Regional- und Sozialpolitik, Beachtung des Umweltschutzes.

am 10. November 1998 aufgenommen. Mit Lettland hingegen – als der zweiten Gruppe zugehörig – wurden die Beitrittsverhandlungen zunächst auf unbestimmte Zeit vertagt. Diese anfängliche Zweiteilung rief seinerzeit vor Ort eine große Enttäuschung hervor und verhalf den Europaskeptikern zu einem entsprechenden Aufwind. Der *Fortschrittsbericht* der Europäischen Kommission vom Oktober 1999 würdigte die enormen Anstrengungen des Landes und schlug diesmal vor, die Beitrittsverhandlungen mit allen Beitrittskandidaten – also auch Lettland – zu eröffnen. Damit hatte sie sich endgültig von dem vielfach kritisierten Prinzip der Zweiteilung der Bewerberländer verabschiedet, so dass jedes Land mit der ihm eigenen Geschwindigkeit voranschreiten konnte ohne dass damit andere Länder in ihrer Integrationsgeschwindigkeit beeinträchtigt oder an einem Beitritt gehindert wurden. Zugleich verfolgte die Kommission damit erstmalig eine Annäherung in verschiedenen Geschwindigkeiten, nachdem Beitrittsrunden bislang immer nur gruppenweise erfolgt waren.

Aufgrund dieses positiven Signals stellte Lettland dann im November 1999 eine Verhandlungsgruppe auf: Staatssekretäre aus den jeweiligen Ministerien, die unter Leitung des Außenministers die Verhandlungen aufnehmen sollten.

Der Europäische Rat in Helsinki beschloss im Dezember 1999, dass die Beitrittsverhandlungen auch mit den Ländern der sog. zweiten Gruppe aufgenommen werden sollten. So begannen die Beitrittsverhandlungen mit der Republik Lettland am 15. Februar 2000, die auf dem Europäischen Rat in Kopenhagen am 12./13. Dezember 2002 ihr offizielles Ende gefunden haben.

In dem Schlussdokument des Kopenhagener Gipfels vom Dezember 2002 heißt es:

> „Der Europäische Rat hat auf seiner Tagung 1993 in Kopenhagen das ehrgeizige Vorhaben eingeleitet, das Vermächtnis von Konflikten und Spaltungen in Europa zu überwinden. Der heutige Tag stellt insofern ein beispielloses historisches Ereignis dar, als dieser Prozess durch den Abschluss der Beitrittsverhandlungen mit Estland, Lettland, Litauen, Malta, Polen, der Slowakei, Slowenien, der Tschechischen Republik, Ungarn und Zypern vollendet wird. Die Union freut sich nunmehr, diese Staaten zum 1. Mai 2004 als Mitglieder aufnehmen zu können."

IV. ANSTRENGUNGEN ZUR ÜBERNAHME DES *ACQUIS*

Welche konkreten Anstrengungen musste Lettland auf seinem Weg zum Beitritt unternehmen? Mit welchen Voraussetzungen ist es angetreten und mit welchen Problemen war es dabei konfrontiert?

1. Grundlagen der Heranführungsstrategie Lettlands an die EU

Grundlage der gesamten Heranführungsstrategie Lettlands an die EU waren dabei:

- das seit 1. Februar 1998 in Kraft getretene *Europaabkommen*[15],
- die mit der EU abgeschlossene *Beitrittspartnerschaft*[16],
- das *Nationale Programm für die Übernahme des Besitzstands*[17] (A*cquis communautaire*),
- *PHARE-Programme* zum Aufbau- und Ausbau von Institutionen und zur Übernahme des A*cquis*,
- die sog. *Patenschaften*[18],
- ein *Aktionsplan zur Stärkung von Verwaltung und Justiz.*[19]

2. Innerstaatliche Zuständigkeiten für die europäische Integration

Mit Fragen der europäischen Integration waren und sind mehrere Institutionen innerhalb Lettlands befasst:

a) Regierungsebene
Auf Regierungsebene hat es zeitweise einen *Europafachminister* gegeben, der dann allerdings aus Sparsamkeitserwägungen heraus einer Verkleinerung des Kabinetts zum Opfer fiel. Darüber hinaus ist ein sog.

---

15 Dem Grunde nach ein erweitertes Freihandelsabkommen.

16 Ein Dokument, in dem die wichtigsten kurz- und mittelfristigen Prioritäten zur Vorbereitung auf die Mitgliedschaft enthalten sind.

17 Ein Dokument, das die vorgesehenen Ressourcen und Zeitpläne zur Umsetzung der Beitrittsprioritäten, beinhaltet, einschließlich weiterer Prioritäten, die das Bewerberland selbst festgelegt hat.

18 Beamte aus Ministerien, regionalen Körperschaften oder Ämtern sowie Vertreter von Berufsverbänden aus den EU-Mitgliedstaaten übernehmen Patenschaften in den lettischen Institutionen als abgeordnete Beamte bzw. Vertreter vor Ort.

19 Diese Aufzählung von Heranführungsmaßnahmen ist nicht abschliessend, enthält jedoch die *maßgeblichen* Eckpfeiler der Heranführungsstrategie.

Europäischer Integrationsrat bestehend aus sieben fachlich betroffenen Ministern für die Erörterung und politische Abstimmung von Fragen der europäischen Integration zuständig. Mit der Eröffnung der Beitrittsverhandlungen wurde das Außenministerium federführend.

b) Verwaltung
Auf der Ebene der Verwaltung wurde ein „Rat der ältesten Referenten" ins Leben gerufen, der die Integrationsbemühungen im Bereich der Verwaltung begleitete. Zusätzlich koordiniert das sog. *Europäische Integrationsbüro* (EIB) die Übernahme des Acquis innerhalb des Staates (zwischen Ministerien) und ist für die Überprüfung der ministerialen Referentenentwürfe im Hinblick auf deren Vereinbarkeit mit EU-Recht zuständig. Die Ministerien sind verpflichtet, stets das Votum des EIB zu den Gesetzentwürfen einzuholen. Gleichzeitig dient das EIB als Sekretariat für die bereits genannten Räte. In den Ministerien sind gegenwärtig 382 Beamte[20] mit Integrationsfragen und der Übernahme des Acquis befasst, das EIB beschäftigt 30 Mitarbeiter.

c) Legislative (Parlament)
Innerhalb der Legislative bemüht sich zum einen der *Europaausschuss* des Parlamentes[21] und zum anderen das *Juristische Büro*[22] – der wissenschaftliche Dienst des Parlaments – darum, die Abgeordneten, Fraktionen und Parlamentsausschüsse von der Notwendigkeit bestimmter Regelungen und Gesetzesänderungen zu überzeugen, die das Land dem EU-Beitritt einen weiteren Schritt näher bringen.

Letztendlich ist das *Parlament* der Flaschenhals für alle in Lettland verabschiedeten Gesetze und damit im gesamten Gesetzgebungsverfahren *die* entscheidende Instanz.

Dies erklärt sich daraus, dass Regierungsentwürfe bei Abstimmungen nicht automatisch mit einer Fraktionsdisziplin in den Reihen der eigenen Regierungsfraktionen rechnen können. Es ist viel Überzeugungsarbeit bei einzelnen Abgeordneten zu leisten, damit bereits innerhalb der verschiedenen Ressorts abgestimmte und von EU-Experten begutachtete

20 Stand: 6. Juni 2003, Auskunft des EU-Informationszentrums des lettischen Parlaments auf Anfrage der Autorin.
21 16 Abgeordnete.
22 13 Juristen.

Gesetzentwürfe nicht wieder durch individuelle, ungeprüfte und vor allem kontraproduktive Gegenentwürfe und -formulierungen im Parlament torpediert werden.

Dies hat mitunter zu zeitlichen Verzögerungen geführt, doch letztlich wurden immer Kompromissformeln gefunden, die am Ende in brauchbare Gesetzeswerke mündeten.

3. Spezifische (juristische) Probleme bei der Übernahme des Acquis

In allen mittel- und osteuropäischen Ländern stellten und stellen sich bei der Übernahme des *Acquis* die gleichen grundsätzlichen Probleme:

a) Geschwindigkeit der Gesetzesänderungen
Die Geschwindigkeit der Gesetzesänderungen führt zu einer Umkehr des uns wohl bekannten Phänomens, dass Gesetze in der Regel den gesellschaftlichen Entwicklungen nachfolgen. In den Reformstaaten verhält es sich genau umgekehrt: die *gesellschaftlichen Entwicklungen hinken* den Gesetzesreformen *hinterher*. Dies führt zu zahlreichen Problemen in verschiedenen Bereichen:

aa) Juristischer Prüfungsstoff. Weder die Studenten noch deren Ausbilder sind in der Gesetzesmaterie geschult, die später im Examen abgefragt wird. Innerhalb des Studiums wechselt die Rechtslage so oft, dass es auch kein Lehrmaterial zu den entsprechenden Gesetzen gibt. Falls einer der Gesetzesverfasser tatsächlich die Zeit für einen Kommentar erübrigen kann – was eigentlich so gut wie nie der Fall ist – erscheint seine Kommentierung jedenfalls für den Prüfling bereits zu spät. Eine Situation, die aufgrund des immensen Umfangs an neuen Rechtsvorschriften nicht annähernd mit einer deutschen Schuldrechts- oder Zivilprozessreform hierzulande vergleichbar ist.

bb) Keine gefestigte Rechtsprechung. Gerichte haben über die Anwendung von Gesetzen zu entscheiden, die ebenfalls nicht Teil ihrer eigenen Ausbildung waren, zu denen keine Urteile existieren, zu denen weder Gesetzesmaterialien noch Kommentare vorhanden sind. Erschwerend kommt hinzu, dass der „Sowjetjurist“ ausschließlich in *wörtlicher* Auslegung geschult wurde – letztlich zählte ja nur der absolute Herrschaftsanspruch der Partei – so dass bei Auftreten neuer Rechtsbegriffe aus der

EU-Terminologie manch ein Jurist kapitulieren muss. Die Gerichte werden zwar mit jungen Juristen aufgestockt, doch vielversprechende juristische Talente bevorzugen wegen der lukrativeren Gehälter gegenwärtig noch die Privatwirtschaft.

cc) Rechtsanwendung im Allgemeinen. Der allgemeine Rechtsanwender hat ähnliche Probleme. Die aktuelle Rechtslage erscheint verwirrend, und die Unwissenheit juristischer Laien wird mitunter von Vertretern der Behörden zu eigennützigen Zwecken ausgenutzt. Früher musste man Sowjet-Beamte bestechen, damit sie überhaupt tätig wurden und diese Mentalität hat sich leider in so mancher Amtsstube erhalten. Nach wie vor werden Bürger von einigen Amtspersonen nur als „Bittsteller" angesehen und der eröffnete Ermessensspielraum oder selbst die Pflicht zum Tätigwerden wird vom Behördenvertreter dazu ausgenutzt, den eigenen Geldbeutel zu bereichern. Dieser Umstand erfährt zwar eine gewisse Relativierung durch die Tatsache, dass die Gehälter des Öffentlichen Dienstes deutlich geringer ausfallen als in der Privatwirtschaft. Doch eine Rechtfertigung für ein solches Handeln liefert sie dennoch nicht.

b) Auslegung bisher nicht bekannter Fachausdrücke
Die Übernahme des Acquis stellt sowohl den Übersetzer als auch den heimischen Juristen vor große Probleme. Die europäischen Rechtsakte enthalten Begrifflichkeiten, die eine bislang unbekannte Rechtsmaterie regeln. Beispielhaft aufführen ließe sich der Bereich des in der Sowjetzeit schwach entwickelten Eigentumsrechts oder der bislang nicht existente Bereich des Verbraucherschutzes. Dementsprechend fehlt auch das Verständnis für die Auslegung dieser Begriffe. Häufig handelt es sich in den Gesetzestexten um Wortneuschöpfungen, Umschreibungen oder schlicht Anglizismen. Mangels entsprechender Sprachkenntnisse arbeitet fast niemand mit französischen Originaltexten.

c) Juristenmangel
Der Masse der erforderlichen Gesetzentwürfe und Gesetzesänderungen steht nur eine begrenzte Anzahl an menschlichen Ressourcen gegenüber (es herrscht Juristenmangel!). Die Ministerien zahlen geringe Gehälter, oft arbeiten dort Studenten, die dann schnell nach dem Examen den Arbeitsplatz wechseln, um lukrativere Stellen in der Privatwirtschaft anzunehmen. Dies führt dazu, dass keine Kontinuität in der Verwaltungs-

struktur vorhanden ist. Da keine Kultur einer ausführlichen Gesetzesbegründung und deren Dokumentation existiert, nutzen die Gesetzesverfasser diese Situation oft zur Erhaltung bzw. Mitnahme des eigenen Herrschaftswissens aus. Die Hintergrundinformationen werden anschließend auf dem privaten Markt angeboten.

d) Systembrüche
Mitunter steht der Inhalt des Acquis gesellschaftlichen und wirtschaftlichen Reformen oder der erstrebenswerten Erhaltung örtlicher Verhältnisse sogar kontraproduktiv gegenüber. Zuweilen geht der Acquis von vornherein von dem Vorhandensein eines deutlich höheren Entwicklungsstandards aus, der jedoch erst einmal erreicht werden muss. So hatte das Land sich ergänzender Unterstützungsmaßnahmen[23] bedient, um wirtschaftlich besonders schwach entwickelte Regionen voranzubringen. Dies ist mit dem Besitzstand an sich jedoch nicht vereinbar. Es kommt auch vor, dass der Acquis auf die örtlichen Verhältnisse gar nicht anwendbar ist. So sind z. B. manche Tierarten im Gegensatz zum derzeitigen EU-Gebiet nicht vom Aussterben bedroht (und damit schützenswert), sondern im Gegenteil so zahlreich vorhanden, dass sie dezimiert werden müssen, um keine größeren Schäden anzurichten (noch unberührte Natur!).

e) Unvollständigkeit des Acquis
Der Acquis regelt per definitionem nicht alle Rechtsbereiche und ist somit unvollständig. Daraus folgt, dass eine schlichte Übernahme 1:1 nicht möglich ist. Bei lediglich teilweise vorhandenen EU-Regelungen muss der Gesetzgeber ein neues Gesetz mit ergänzenden nationalen Vorschriften schaffen, damit die *vollständige* Regelung einer bestimmten Rechtsmaterie gewährleistet ist. Wo bislang gar keine nationalen Bestimmungen bestanden, muss dieses Rechtsgebiet quasi neu „aus dem Boden gestampft werden".

In Bereichen, in denen wegen nicht zugewiesener Kompetenzen gar keine EU-weiten Regelungen existieren, kann dies ebenfalls zu Brüchen führen. Da die Übernahme des Acquis zeitgleich mit der Transformation des Wirtschafts- und Gesellschaftssystems verläuft, wird das von EU-

23 So hatte man Sonderwirtschaftszonen in besonders schwach entwickelten Regionen eingerichtet, die an sich nicht mit der EU-Steuerpolitik vereinbar waren.

Bestimmungen nicht besetzte Vakuum von anderen Gesellschaftsmodellen eingenommen. So greift der Acquis beispielsweise im Bereich der sozialen Sicherungssysteme zu kurz, so dass über Weltbank- und IWF-Projekte das amerikanische Modell der sozialen Sicherung[24] stärker Eingang in die gesellschaftliche Diskussion findet.

f) Moving Target
Eine völlig zeitgleiche Übereinstimmung mit dem Acquis zu erzielen ist dem Beitrittskandidaten unmöglich, da sich das Recht der EU ständig fortentwickelt (sog. Problem des „moving target"). Die Gesetzgebungsverfahren sind zu langwierig, um einen völligen Abgleich zu erzielen. Hier klang zuweilen auch Kritik an, dass selbst die bisherigen EU-Mitgliedstaaten es mit der rechtzeitigen Umsetzung ja nicht ganz so genau nähmen und da mit zweierlei Maß gemessen werde[25].

V. SCHLUSSBETRACHTUNG

Der Zwang zur Rechtsangleichung innerhalb eines relativ kurzen Zeitraums hat mehrere *positive Auswirkungen.* Durch die Notwendigkeit zur Übernahme des Acquis in den Kandidatenländern wird die gesamteuropäische Rechtsharmonisierung dynamisch vorangetrieben. Die in Mittel- und Osteuropa rasch herbeigeführte Wiedererkennbarkeit der gesetzlichen Vorschriften für EU-Unternehmen wird das Investitionsvolumen in den Kandidatenländern noch stärker ansteigen lassen als bisher. Die derzeit noch bestehende wirtschaftliche Disparität zwischen den bisherigen EU-Mitgliedstaaten und den neuen EU-Mitgliedstaaten wird damit zügiger abgebaut.

Der auf die Beitrittskandidaten ausgeübte Reformdruck der EU bringt Bewegung in die gesellschaftlichen Entwicklungen und erleichtert es den

24 Ein Gesellschaftsmodell, das nach Ansicht des Europäischen Wirtschafts- und Sozialausschusses nicht als Vorbild dienen sollte und dem europäischen Gedanken der sozialen Kohäsion entgegensteht (vgl. Stellungnahme des Europäischen Wirtschafts- und Sozialausschusses zum Thema „Auswirkungen der Erweiterung der Union auf den Binnenmarkt", ABl. Nr. C 85 vom 8. April 2003, 101 (110).

25 Eine Kritik, die als nicht ganz unberechtigt angesehen werden kann.

Regierungen, manch unbeliebte aber erforderliche Maßnahme auch gegen innerstaatliche Widerstände durchzusetzen[26].

Dennoch sollte hierbei auch bedacht werden, dass die Transformation eines postkommunistischen Landes neben Gewinnern auch *Verlierer* hat. Die Schere von Arm und Reich nimmt zu, die jüngere Generation sieht gute Perspektiven, während die Älteren einem EU-Beitritt vorsichtiger entgegensehen.

Im Jahr 2001 betrug das BIP in Kaufkraft ausgedrückt pro Kopf 33,1% des EU-Durchschnitts.[27] Von 1996 bis 2001 stieg das durchschnittliche Nettoeinkommen um 46%.[28] Das durchschnittliche Nettomonatseinkommen betrug im Jahre 2002 124 LVL[29] (ca. 203 €). Der gesetzliche Mindestlohn beläuft sich derzeit auf 70 LVL[30] (ca. 115 €) monatlich. 2002 betrug die durchschnittliche Inflationsrate 1,9%.[31] Aus der Perspektive des Statistikers hat sich die Gesamtsituation der Bevölkerung seit Stellung des Beitrittsantrages der Republik Lettland also deutlich verbessert.

Von 35 Mio. € des PHARE-Programms wurden 2001 70% für Investitionen im Bereich der Übernahme des *Acquis* und zum Ausgleich wirtschaftlicher und sozialer Ungleichheiten in Lettland eingesetzt.[32] 30% gingen wiederum in Projekte zur Stärkung von Institutionen.

48 Mio. € des ISPA-Programms (*Instrument for Structural Policies for Pre-Accession*) gingen 2001 in die Verbesserung der Verkehrsinfrastruktur, aber auch an Projekte der Abfallbewirtschaftung.[33]

22 Mio. € jährlich werden ab 2002 im Rahmen des SAPARD-Programms (*Special Assistance programme for agriculture and rural*

---

26 Die Argumentation wird allerdings zuweilen auch für nicht mit der EU-Rechtsharmonisierung zusammenhängende Maßnahmen genutzt.

27 Wirtschaftsministerium der Republik Lettland, Bericht über die volkswirtschaftliche Entwicklung Lettlands (lett.), Riga, Dezember 2002, S. 7.

28 Ebda., S. 9.

29 Wirtschaftsministerium der Republik Lettland, Die Volkswirtschaft Lettlands: makroökonomische Übersicht (lett.), Riga 2003, Nr. 2 (15), S. 4.

30 Ebda., S. 11.

31 Ebda., S. 8.

32 Wirtschaftsministerium der Republik Lettland, Bericht über die volkswirtschaftliche Entwicklung Lettlands (lett.), Riga, Juni 2002, S. 101.

33 Ebda.

development) in die Verbesserung der ländlichen Infrastruktur und in landwirtschaftliches Know-How und ländliche Betriebe investiert.[34]

Die Regierung rechnet damit, dass Lettland über die europäischen Strukturfonds und den Kohäsionsfond in den Jahren 2004-2006 insgesamt 1,045 Mrd. € erhalten wird.[35]

Eine Umfrage der Europäischen Kommission in den Kandidatenländern vom September/Oktober 2002[36] hat ergeben, dass 45% der befragten Letten bei einem Referendum über den EU-Beitritt Lettlands mit „Ja" antworten würden. Ca. 20% sind noch unentschlossen. Ebenfalls 45% hielten den EU-Beitritt Lettlands für vorteilhaft für ihr Land. Damit gehört die lettische Bevölkerung zu den eher skeptischeren Kandidatenländern. Neueren Pressemeldungen zufolge nimmt die Zustimmung zu einem EU-Beitritt derzeit jedoch zu. Das lettische EU-Referendum am 20. September 2003 wird zeigen, ob der einzelne Bürger sich in den Zielen der Europäischen Union wiederfinden kann und ob er die historische Chance der Erweiterung auch als seine ganz persönliche Herausforderung annimmt.

34 Ebda., S. 99.
35 Ebda., S. 103.
36 Candidate Countries Eurobarometer 2002, First Results.

ASSESSOR IUR. WILM SCHARLEMANN, LL.M.*, MÜNSTER

Baltische Rechtsharmonisierung gestern und heute: Baltische Entente (1918-1940) – Baltischer Rat (seit 1990)

INHALT

I. EINLEITUNG

Mit dem Beitritt der baltischen Republiken erweitert sich die Europäische Union[1] nicht nur um drei kleine Rechtsordnungen[2], sondern auch um eine Institution subregionaler Kooperation.[3] Mit der Gründung des

---

* *Wilm Scharlemann* ist Doktorand am Bucerius Stiftungslehrstuhl für Bürgerliches Recht, Rechtsvergleichung und Rechtsharmonisierung im Ostseeraum, *Professor Dr. Helmut Heiss, LL.M.*, Ernst-Moritz-Arndt Universität Greifswald.

1 Voraussichtlich am 1. Mai 2004.

2 Zum Begriff siehe *Martiny*, Die kleinen Rechtssysteme der Welt – Klein-, Kleinststaaten und Teilrechtsgebiet in der Rechtsvergleichung, in: Basedow (Hrsg.), Aufbruch nach Europa: 75 Jahre Max Planck Institut für Privatrecht, Tübingen 2001, 829 ff. (832).

3 Weitere subregionale Kooperationsformen innerhalb der Europäischen Union sind die Zusammenarbeit der Benelux Staaten und die der Nordischen Staaten.

Baltischen Rates knüpften Estland, Lettland und Litauen an ihre Zusammenarbeit in der Zwischenkriegszeit an, die mit der Baltischen Union von 1934 institutionalisiert worden war. Auf der Agenda standen und stehen Rechtsharmonisierung und rechtliche Zusammenarbeit zwischen den drei Staaten. Arbeitsweise, Rechtsangleichungsmethoden und Erfolge dieser tri-lateralen Kooperation werden nachfolgend in historisch vergleichender Perspektive untersucht.[4]

II. DIE RECHTSENTWICKLUNG IN DER ERSTEN PHASE STAATLICHER UNABHÄNGIGKEIT (1918-1940): NATIONALISIERUNG UND TRILATERALE KOOPERATION

1918 begannen Estland und Lettland ihre Eigenstaatlichkeit mit einem rechtlichen Erbe, das sie von Litauen trennte. Alle drei jungen Republiken waren zwar zuvor über 100 Jahre Teil des russischen Zarenreiches, aber während in weiten Teilen Litauens russisches Zivilrecht[5] galt, war in den autonomen Ostseeprovinzen Est-, Kur- und Livland mit dem Baltischen Privatrecht von 1864[6] ein Recht westlicher (deutscher) Prägung in Kraft.[7] Mit der Eigenstaatlichkeit als Folge des ersten Weltkrieges begannen die drei Republiken nationales Recht – in der jeweiligen Landessprache – zu schaffen, das zwar in jedem Staat das Recht zunehmend

---

4 Zum Untersuchungsansatz vgl. allerdings im Kontext von Transnationalisierung bzw. Globalisierung *Kötz*, Alte und neue Aufgaben der Rechtsvergleichung, JZ 2002, 257 ff. (261 f).

5 Litauen gliederte sich in vier Teilrechtsgebiete: Im größten Landesteil galt das russische Zivilrecht des 10. Bandes des *Svod sakonov* (dieses galt bis 1938 auch in Lettgallen, dem östlichen Teil Lettlands); im Südwesten (Uznemune) galt der französische *Code Civil* und der *Code de Commerce* mit den Änderungen durch den polnischen Zivilkodex von 1825; in der Gemeinde Palanga galt das Baltische Privatrecht von 1864; im Memelgebiet (Klaipeda) blieb das deutsche BGB in Kraft; *Scharlemann*, Wirtschaftsrecht der Republik Litauen: Ein Praxisratgeber, herausgegeben von der Delegation der Deutschen Wirtschaft in Litauen, Vilnius 2002, 12.

6 *Provinzialrecht der Ostseegouvernements. Dritter Theil. Privatrecht: Liv-, Est- und Curländisches Privatrecht zusammengestellt auf Befehl des Herrn und Kaisers Alexander II., St. Petersburg 1864.*

7 Siehe näher hierzu *Luts*, Die Begründung der Wissenschaft des provinziellen Rechts der baltischen Ostseeprovinzen im 19. Jh., in: Eckert/Modéer (Hrsg.), Geschichte und Perspektiven des Rechts im Ostseeraum, Frankfurt am Main 2002, 147 ff. (167 f).

modernisierte und vereinheitlichte, gleichzeitig aber zu fortschreitender Rechtstrennung von den Nachbarstaaten führte.[8] Zudem waren die früheren gemeinsamen Rechtssprachen Deutsch und Russisch durch die estnische, lettische und litauische Landessprache abgelöst worden. In der Folge trat die Kenntnis über die Rechtslage in den Nachbarländern immer weiter zurück. Ein Informationsaustausch zwischen den nationalen Gesetzgebern fand nicht statt.

1. Rechtsangleichung durch Baltische Kooperation

Dieses Fremdwerden in Rechtsschöpfung und Rechtskenntnis war früh Anlass zu Forderungen nach Rechtsangleichung und -vereinheitlichung. Die privat organisierte *Erste Baltische Juristenkonferenz* in Dorpat (Tartu) rief 1928 zur Rechtsangleichung zwischen Estland und Lettland auf.[9] In den beiden Ländern, die sich 1921 zu einer Allianz mit dem Ziel einer Handels- und Zollunion zusammengeschlossen hatten, wurde das Auseinanderwachsen durch die Herauslösung aus dem Baltischen Privatrecht besonders deutlich. Die Konferenz regte die Vereinheitlichung des Handels- und Privatrechts in einheitlichen Kodifikationen an. Die Konferenzteilnehmer unterstrichen ihr Anliegen in einer Resolution:

> „Die sich auf viele Menschenalter erstreckende und durch die wirtschaftliche und die politische Schicksalsgemeinschaft im neugeordneten Europa begründete Gemeinsamkeit des geltenden Rechts in Estland und Lettland soll nicht ohne zwingende Gründe aufgegeben, beziehungsweise in verschiedener Richtung erneuert und ergänzt werden. [...] Die Gemeinsamkeit des geltenden Rechts soll erreicht werden durch übereinstimmende innerstaatliche Gesetzgebung und zwischenstaatliche Vereinbarungen."[10]

---

8 Zu dieser Entwicklung siehe *Scharlemann*, Privatrechtsentwicklung im Baltikum zwischen nationaler Souveränität, regionaler Kooperation und europäischer Integration, in: Bauer/Welker (Hrsg.), Europa und seine Regionen – europäische und regionale Rechtskultur, Tagungsband des europäischen Forums junger Rechtshistoriker 2002, Köln (im Erscheinen), m.w.Nachw.

9 Die Notwendigkeit der Einbindung *Litauens* wird nur im Vorwort des Tagungsbands erwähnt.

10 Baltische Rechtsangleichung. 10 Jahre Gesetzgebung Estlands und Lettlands. Referate der I. Baltischen Juristenkonferenz zu Dorpat (1928), Reval [Tallinn] 1928, 240ff.

Diese Forderungen wurden von Handel und Industrie unterstützt.[11] Die entscheidenden Anstöße gab jedoch erst 1931 der *Gesamtbaltische Juristenkongress*, zu dem offizielle Delegationen aus allen drei Staaten im litauischen Kaunas zusammenkamen. Im Mittelpunkt stand nicht mehr die Vereinheitlichung des Privatrechts oder Handelsrechts als Ganzes, sondern die Angleichung in Teilbereichen, die für den grenzüberschreitenden Verkehr wichtig waren: Kollisionsrecht, Wechsel- und Scheckrecht, Konkursrecht sowie die gegenseitige Anerkennung und Vollstreckung von Urteilen.[12] Noch im selben Jahr begannen die Arbeiten. Dazu wurde in Riga das *Baltische Juristenbüro* mit 25 von den Justizministern entsandten Mitarbeitern eingesetzt. Als gemeinschaftliche Behörde der drei Justizministerien gliederte es sich in drei nationale Abteilungen und diente der Orientierung über die gesetzgeberischen Maßnahmen der Vertragsstaaten, wozu die Herausgabe einer Zeitschrift geplant war. Zudem übernahm das Büro die Ausarbeitung von gemeinsamen Gesetzes- und Vertragsentwürfen.[13]

Mit der Gründung der *Baltischen Union* 1934[14] wurde das Büro mit der Bestätigung seiner Geschäftsordnung zur offiziellen Institution.[15] Mehrere einheitliche Konventionsentwürfe wurden ausgearbeitet, von denen vier ratifiziert und in Kraft gesetzt wurden:

- Konvention über die gegenseitige Anerkennung und Vollstreckung von Gerichtsurteilen in Zivilsachen vom 14. November 1935;

---

11 Zwischen 1928 und 1934 fanden fünf Konferenzen der Vertreter von Handel und Industrie Estlands, Lettlands und Litauens statt, die zur Vereinheitlichung von Bestimmungen des Urheber- und Patentrechts, der Handelsregistervorschriften sowie des Arbeitsrechts aufriefen; eine Auflistung der Konferenzen findet sich bei *Klesment* (Hrsg.), Legal Sources and Bibliography of the Baltic States (Estonia, Latvia, Lithuania), New York 1963, 26 m.w.Nachw.

12 *v. Schilling*, Rechtsangleichung im Baltikum, RabelsZ 9 (1935), 558 ff. (560 f).

13 Angaben zu den Sitzungen von 1931-1936 finden sich in: Rechtsangleichung in den Baltischen Staaten, Baltisches Recht, Heft 11, Juli 1970, 16 ff. m.w.Nachw.

14 Mit dem *Vertrag über Einvernehmen und Zusammenarbeit zwischen Estland, Lettland und Litauen* vom 12.9.1934 kam es zu einem Zusammenschluß in einem Aussenministergremium; eine deutsche Übersetzung des Vertrages ist abgedruckt in: Völkerbund und Völkerrecht, 1934/35, 394ff; der Vertrag war Abkommen nach Art. 21 Völkerbund-Satzung, vgl. dazu *Walter*, Vereinte Nationen und Regionalorganisationen, Berlin 1996, 23.

15 *Anderson*, The Baltic Entente 1914-1940 – Its Strength and Weakness, Studia Baltica Stockholmiensia 3 (1988), 79 ff. (83); *v. Schilling* (oben Fn. 12), RabelsZ 9 (1935), 558 ff. (560).

- Konvention über die gegenseitige Anerkennung von Urteilen in Strafsachen vom 14. November 1935;[16]
- Konvention über die Vereinheitlichung des Wechselrechts vom 9. April 1938;
- Konvention über die Vereinheitlichung des Scheckrechts vom 9. April 1938.[17]

In anderen Bereichen hingegen war die Zusammenarbeit weniger erfolgreich: Die Schaffung eines einheitlichen Konkursrechts wurde verhindert, da jeder Staat nationale Regelungen vorbereitete. Hier blieb es beim Informationsaustausch über die laufenden Gesetzgebungsvorhaben. Unterschiedliche, konfessionell begründete Interessenlagen ließen eine Konvention über die Zuständigkeit von Ehescheidungen der Angehörigen eines Staates vor den Gerichten des anderen Staates scheitern. Überlegungen zur Ausarbeitung gemeinsamer Grundlagen des internationalen Privatrechts kamen über einen privaten Entwurf von wissenschaftlicher Seite nicht hinaus.[18] Daneben wurde der gemeinsame Beitritt zu völkerrechtlichen Verträgen und Konventionen koordiniert.[19] Zu nennen sind: die Pariser Verbandsübereinkunft zum Schutz des gewerblichen Eigentums von 1884 in der revidierten Fassung von Washington 1911, das Haager Zivilprozessabkommen von 1905 sowie das Berner Eisenbahnabkommen von 1890. Die drei Staaten traten auch gemeinsam internationalen Institutionen, wie dem internationalen Büro für Statistik in Brüssel, bei.

Die Erwartungen in die rechtliche Zusammenarbeit – wie auch in die politische Zusammenarbeit in der Baltischen Union – wurden aufgrund der unterschiedlichen Interessenlagen nicht erfüllt. Durch die angestrebte Anbindung Estlands an Skandinavien und die Stellung Litauens zur Sowjetunion erfuhr die Zusammenarbeit immer wieder Rückschläge. Zudem wurde die gerade errungene Eigenstaatlichkeit höher

---

16 *Maurach*, Die Abkommen über Rechtshilfe in Zivilsachen und gegenseitige Anerkennung von Urteilen in Strafsachen, Zeitschrift für osteuropäisches Recht, NF, 2. Jg. (1935/36), 478 ff. (mit Abdruck des Konventionstextes).

17 *v. Nottbeck*, Die zwischen Estland, Lettland und Litauen abgeschlossenen Konventionen vom 9.4.1938 über Vereinheitlichung des Wechsel- und Scheckrechts, unter besonderer Berücksichtigung Estlands, Zeitschrift für osteuropäisches Recht, NF, 5. Jg. (1938/39), 604 ff. (mit Abdruck des Konventionstextes).

18 *v. Schilling* (oben Fn. 12), RabelsZ 9 (1935), 558 ff. (560) m.w.Nachw.

19 *Lehti*, A Baltic League as a Construct of the New Europe, Frankfurt/Main 1999, 275f. m.w.Nachw.

geachtet als die Kooperation mit den Nachbarn. Der politische Zusammenschluss war dann auch weniger Ausdruck eines Zusammengehörigkeitsgefühls – aufgrund einer gemeinsamen Identität –, als vielmehr ein Bündnis, dem ein Gefühl mangelnder Sicherheit im Spannungsfeld zwischen der Sowjetunion und dem Deutschen Reich zugrunde lag. Die letzte Konferenz der Außenminister der Baltischen Union fand im März 1940 statt. Danach wurde die Zusammenarbeit – auch im rechtlichen Bereich – durch die Übernahme der Republiken durch sowjetische Streitkräfte beendet.[20]

2. Befund: Methoden der rechtlichen Zusammenarbeit

Die Rechtsharmonisierung und -vereinheitlichung entwickelte sich in nur wenigen Jahren aus einer privaten Initiative zu einem systematischen Unternehmen auf Regierungsebene. Wesentliche Elemente der Zusammenarbeit, getragen durch das Juristenbüro in Riga, waren dabei der Informationsaustausch über nationale Gesetzgebungsvorhaben, der koordinierte Beitritt zu internationalen Abkommen und die Erarbeitung von vier trilateralen Konventionen[21], von denen allerdings nur zwei der Vereinheitlichung von materiellem Recht – dem Wechsel- und Scheckrecht – dienten.

III. SUBREGIONALE KOOPERATION SEIT 1990: RECHTLICHE ZUSAMMENARBEIT AUF DEM WEG IN DIE EU?

In den turbulenten Zeiten der Loslösung von der Moskauer Zentralmacht in den Jahren nach 1989 war die baltische Zusammenarbeit wieder aktuell. Zum Symbol wurde die 600 km lange Menschenkette, in der rund zwei Millionen Teilnehmer den Weg von Tallinn über Riga nach Vilnius säumten.[22] Im Mai 1990 wurde in Anlehnung an das historische Vorbild

---

20 *Garleff*, Die baltischen Länder, Regensburg 2001, 151ff.

21 Allgemein zur Rechtsvereinheitlichung durch Konventionstechnik siehe *Kropholler*, Internationales Einheitsrecht, Tübingen 1975, 93ff.

22 Mit der Menschenkette wurde im August 1989 gegen den 50 Jahre zuvor geschlossenen Hitler-Stalin Pakt und dessen Folgen protestiert.

der *Council of Baltic States*[23] ausgerufen, um – zunächst ohne staatsrechtliche Verbindlichkeit – die Position gegenüber Moskau zu stärken, in der westlichen Welt wahrgenommen zu werden und die Versorgung der Bevölkerung unter Umgehung der Zentralbürokratie Moskaus sicherzustellen.[24]

1. Institutionen und Gebiete der baltischen Kooperation

In der Folgezeit entwickelte sich ein staatsrechtlich geprägtes Institutionengefüge. Der *Council of Baltic States* ging in der Parlamentarischen Versammlung (*Baltic Assembly*) von 1991, dem Baltischen Ministerrat (*Baltic Council of Ministers*) von 1994 als dem Hauptorgan sowie dem beide Institutionen umfassenden Baltischen Rat (*Baltic Council*) von 1996 auf.[25] Schwerpunkte der Zusammenarbeit sind der sicherheitspolitische Bereich[26] sowie die wirtschaftliche Kooperation mit dem Ziel der Schaffung eines einheitlichen baltischen Wirtschaftsraums. Mit den baltischen Freihandelsabkommen (teilweise auch als Baltic Free Trade Area – BAFTA bezeichnet[27]) ist die Zusammenarbeit mittlerweile[28] als erfolgreich zu bewerten, wenn auch eine Zollunion nicht verwirklicht werden

---

23 Zunächst als *Council of Baltic States* bezeichnet, wurde der Zusammenschluss der drei Staaten später zum *Baltic Council* umbenannt; nicht zu verwechseln mit dem 1992 gegründeten *Council of the Baltic Sea States*, dem Aussenministergremium aller Ostseeanrainerstaaten.

24 *Bobinski*, Baltic states meet to revive co-operation, Financial Times vom 14. Mai 1990; FAZ vom 14. Mai 1990 („Die baltischen Staaten schließen sich zu einem Rat zusammen").

25 Vgl. *Außenministerium der Republik Estland*, Estland und Europa: Außenpolitische Übersicht, Tallinn 2001, 23f; ein Organigramm findet sich auf der Internetseite des Baltischen Ministerrates: <http://www.bcmvs.net>.

26 Siehe dazu *Jones*, The Development of the Armed Forces in the Baltic States, NEBI Yearbook 2001/2002, 269 ff. (286 f).

27 Vgl. *Dangerfield*, Subregional Cooperation in Central and Eastern Europe: Support or Substitute for the ‚Return to Europe'?, in: Ross (Hrsg.), Perspectives on the enlargement of the European Union, Leiden 2002, 95 ff. (100); eine Zusammenstellung der Abkommen findet sich bei *Scharlemann*, Trade Agreements among CBSS Member Countries, herausgegeben vom Sekretariat des Council of the Baltic Sea States, Stockholm 1999.

28 Schwierigkeiten, die im sog. „Schweinekrieg" gipfelten, brachten 1998 den Freihandel zeitweise zum Erliegen.

konnte.[29] In anderen Bereichen geht die Zusammenarbeit nicht über einen Informationsaustausch hinaus.

2. Rechtliche Zusammenarbeit

Das *Baltische Juristenbüro* wurde mit Sitz in Riga wieder ins Leben gerufen, um die intra-baltische Rechtsharmonisierung und Rechtsvereinheitlichung zu koordinieren.[30] Bei ihrer Unterstützungstätigkeit ging auch die Deutsche Stiftung für internationale rechtliche Zusammenarbeit (IRZ-Stiftung) zumindest für das Handels- und Gesellschaftsrecht von einem einheitlichen Ansatz für alle drei Staaten aus.[31] Trotz dieser Koordinierungsansätze in der Frühphase des Reformprozesses vollzog sich die Rechtstransformation auf getrennten, nationalen Wegen. Estland, Lettland und Litauen knüpften im Wege der Kontinuität – wenn auch mit unterschiedlichen Ansätzen – an ihre jeweilige Rechtsordnung der Vorkriegszeit an und orientierten sich an europäischen und internationalen Vorbildern und Modellen.[32] Die Kodifikationsarbeiten an den Zivilgesetzbüchern fanden isoliert voneinander statt. Abgesehen vom Abschluss einiger tri- und bilateraler Konventionen[33] ist die angestrebte Koordinierung der Gesetzgebung offenbar gescheitert.[34] Das Juristenbüro in Riga konnte keine wesentlichen Aktivitäten entfalten[35] und besteht heute nicht mehr.[36] Auch die praktische Zusammenarbeit im Justizausschuss des Baltischen Ministerrates läuft schleppend. Aus den Aktivitätsberichten ergibt sich eine nur geringe Zahl von Kontakten: Im Berichtszeitraum 1999-2000[37] wurden von 11 angesetzten Veranstaltungen nur sechs tat-

---

29 Vgl. nur *Bungs*, The Baltic States: Problems and Prospects of Membership in the European Union, Baden-Baden 1998, 87ff.

30 *Mickelenas*, Unification and Harmonisation of Law at the Turn of the Millenium: the Lithuanian Experience, Uniform Law Review 2000, 243 ff. (248).

31 *Garbrecht*, Aus der Tätigkeit der IRZ-Stiftung, WiRO 1993, 248.

32 Siehe dazu eingehend *Loeber*, Kontinuität im Zivilrecht nach Wiederherstellung staatlicher Unabhängigkeit – Zu den Zivilgesetzbüchern von Lettland (1937), Estland (1993) und Litauen (2000), in: Basedow (Hrsg.), Aufbruch nach Europa: 75 Jahre Max Planck Institut für Privatrecht, Tübingen 2001, 943 ff. (946 ff).

33 siehe die Auflistung im Anhang.

34 *Bungs* (oben Fn. 29), 89 m.w.Nachw.

35 *Mikelenas* (oben Fn. 30), Uniform Law Review 2000, 243 ff. (248).

36 Auskunft der lettischen Botschaft in Berlin.

37 *Baltic Council of Ministers* (Hrsg.), Report on the Activities During Estonia's Presidency, July 1, 1999 – June 30, 2000.

sächlich durchgeführt. Das Justizministertreffen wurde verschoben. Estland nimmt bereits seit Mitte 1995 nicht mehr an den Sitzungen[38] des Justizausschusses teil.[39] Wie schon nach 1918 wird die gerade errungene Souveränität höher geschätzt als die Zusammenarbeit mit den Nachbarn. Eine Zusammenarbeit bei der Umsetzung des *acquis communautaire* im Rahmen der EU-Beitrittsvorbereitungen – deren Notwendigkeit noch 1997 von den Regierungschefs betont wurde[40] – findet nur in geringem Umfang statt. Das liegt wohl hauptsächlich daran, dass jeder Beitrittskandidat – nach dem von Brüssel ausgerufenen „Regatta-Prinzip" – gesondert in seiner Integrationsfähigkeit bewertet wurde. Es galt, wer die Voraussetzungen am schnellsten erfüllt, wird zuerst aufgenommen. Der so erzeugte Wettbewerb nahm gleichzeitig die Motivation zu regionaler Kooperation.[41]

IV. KONKLUSIONEN UND AUSBLICK

Nach 1990 konnte an die Zeit der ersten Unabhängigkeit angeknüpft werden. Heute gehören die drei baltischen Rechtsordnungen wieder zum kontinentaleuropäischen Rechtskreis. Kennzeichnend für die Rechtsentwicklung ist, dass sie sich trotz früh einsetzender Kooperationsbemühungen – wie nach 1918 – auf unterschiedlichen nationalen Wegen vollzieht.[42] Die Möglichkeit, einheitliche baltische Regelungen – zumindest in Teilbereichen wie dem Handelsrecht – zu schaffen, ist nicht genutzt worden. Hier zeigt sich, dass die Chance zu einheitlicher Regelung fürs

---

38 Mit Ausnahme der Veranstaltungen mit Beteiligung der nordischen Staaten.

39 *Lejins*, The Quest for Baltic Unity: Chimera or Reality?, in: Lejins/Ozolina (Hrsg.), Small States in a Turbulent Environment: The Baltic Perspective, Riga 1997, 147 ff. (164).

40 *Baltic Council of Ministers* (Hrsg.), Report on Activities 1996-1997 (Law, Law enforcement); („We stress the importance of coordination of efforts made by the Baltic states to bring their legislation in line with the Eurpean legal system").

41 *Heiss*, Eine Region – drei Rechtskulturen: Rechtsvergleichende Aspekte der Integration im Ostseeraum, in: Heiss (Hrsg.), Brückenschlag zwischen den Rechtskulturen des Ostseeraums, Tübingen 2001, 15 ff. (40).

42 Vgl. *Kull*, The Principle of Private Autonomy and Harmonization of Estonian Contract Law, in: Feldbrugge (Hrsg.), Law in Transition, The Hague 2002, 55 ff. (55).

nächste erst einmal vertan ist, sobald jedes Land seine eigene Gesetzgebung entwickelt hat.[43]

Der bevorstehende Beitritt zur EU eröffnet die Perspektive einer Konvergenz der drei Rechtsordnungen, welche die Attraktivität des baltischen Wirtschaftsraums weiter erhöhen dürfte.[44] Mit Blick auf die zunehmende internationale und europäische Harmonisierung des Rechts ist den baltischen Staaten zu wünschen, dass das eigene Profil ihrer drei Rechtssysteme wahrgenommen wird.[45] Welche Rolle dabei der subregionalen baltischen Zusammenarbeit in der erweiterten Union zukommen wird, bleibt abzuwarten.[46]

---

43 *David/Grasmann*, Einführung in die großen Rechtssysteme der Gegenwart, 2. Aufl., München 1988, 73.

44 Auf die Notwendigkeit einer engeren baltischen Zusammenarbeit wird von Seiten der Wirtschaft hingewiesen, vgl. *Delegationen der Deutschen Wirtschaft in Estland, Lettland und Litauen* (Hrsg.), Deutsche Direktinvestitionen in Estland, Lettland und Litauen: Geschäftssituation und Standortfaktoren im Vergleich, 3. Aufl., Tallinn 2001, 15.

45 Derzeit erfolgt keine nennenswerte Berücksichtigung der Rechtsordnungen Estlands, Lettlands oder Litauens bei den Arbeiten der *Commission on European Contract Law* (sog. Lando-Kommission), der *Study Group on a European Civil Code* oder anderen vergleichbaren Vorhaben. Auf mögliche Akzeptanzprobleme durch Nichtbeteiligung bei der Ausarbeitung hat *Heiss*, Vom EU- zum gesamteuropäischen Privatrecht? – Privatrechtsharmonisierung in der sich erweiternden Union, in: Basedow (Hrsg.), Aufbruch nach Europa: 75 Jahre Max Planck Institut für Privatrecht, Tübingen 2001, 123 ff. (125 f), hingewiesen; auf Gefahren durch Nichtwahrnehmung kultureller Diversität und Traditionen weist auch *Varul* hin, in: Unidroit Activities, Congress to Celebrate the 75th Anniversary: „Worldwide Harmonisation of Private Law and Regional Economic Integration" (Report), Uniform Law Review 2002, 814 ff. (820).

46 Kritisch bis negativ *Dangerfield* (oben Fn. 27), in: Ross (Hrsg.), Perspectives on the enlargement of the European Union, Leiden 2002, 95 ff. (113) (allgemein zur Rolle des CEFTA).

V. ANHANG: ÜBERSICHT ÜBER DIE WICHTIGSTEN VERTRÄGE, RESOLUTIONEN UND DOKUMENTE DER ZUSAMMENARBEIT ZWISCHEN ESTLAND, LETTLAND UND LITAUEN[47]

1. Baltische Zusammenarbeit 1934-1940

1934
- Treaty on Concord and Co-operation between Estonia, Latvia and Lithuania (12. September 1934)

1936
- Convention on Mutual Recognition of Criminal Records
- Convention on Recognition and Execution of Judgements in Civil Cases

1938
- Convention Providing Uniform Laws on Bills of Exchange
- Convention Providing Uniform Laws on Checks

2. Baltische Zusammenarbeit seit 1990

1990[48]
- Declaration on Concord and Co-operation of the Republic of Estonia, the Republic of Latvia and the Republic of Lithuania (12. Mai 1990)

1992
- Agreement on judicial assistance and legal relations[49]

1993
- Conventions for the avoidance of double taxation

---

47 Quellen: *Klesment* (Hrsg.), Legal Sources and Bibliography of the Baltic States (Estonia, Latvia, Lithuania), New York 1963; *Scharlemann*, Trade Agreements among CBSS Member Countries, herausgegeben vom Sekretariat des Council of the Baltic Sea States, Stockholm 1999; Internetseite des Baltischen Ministerrates: <http://www.bcmvs.net>; *kursiv* gedruckte Abkommen sind noch nicht in Kraft; unterstrichene Abkommen sind für die rechtliche Zusammenarbeit von Bedeutung.

48 Ein Überblick über die zwischen 1990 und 1992 verabschiedeten Dokumente findet sich in *Council of Baltic States* (Hrsg.), TOGETHER 1990-1992 Documents (besprochen von *Kuzmickas*, Revue Baltique, 1996).

49 Vgl. dazu die Kritik von *Joks*, International Legal Assistance Agreements of Estonia, Juridica International 1996, 6 ff. (9).

1994

- Agreement on Baltic Parliamentary and Governmental Co-operation between Estonia, Latvia and Lithuania
- Terms of Reference of the Baltic Council of Ministers
- Regulations for the Committees of Senior Officials
- Agreement concerning the Establishment and Formation of Joint Peacekeeping Unit
- Agreement concerning the co-operation on National border guards
- Agreement on judicial assistance and legal relations
- Statement on Baltic Co-operation
- Joint Communiqué and statement on the withdrawal of Russian troops from the Baltic States
- Statement on celebration of national holidays of the Baltic States

1995

- Frame Agreement on Co-operation in the field of Defence
- Agreements on visa-free travelling
- Agreement on the re-admission of persons residing illegally
- Agreement and Protocol on migration policy
- Agreement on co-operation in the field of environmental protection
- Resolution adopting the first annual Plan of Action of the Baltic Council of Ministers
- Statement on the activities of the Baltic Council of Ministers

1996

- Protocol on Co-operation between the Baltic Assembly and the Baltic Council of Ministers
- Bilateral agreements on protection of investments
- Bilateral Agreements on aviation
- Two statements on the activities of the Baltic Council of Ministers
- Joint statement on the Vienna conclusions and CFE Treaty

1997

- Free Trade Agreement on Trade in Agricultural Products
- Memorandum of Understanding on establishing Baltic Battalion
- Memorandum of Understanding on establishing Baltic Naval Squadron
- Bilateral agreements on social security
- Protocol, joint statement and basic principles on Baltic Governments Data Communication System
- Joint statement on the progress of integration into the EU
- Statement concerning regional airspace initiative
- Resolution on customs union

- Resolution on the improvement of transit transport
- Statement on the activities of the Baltic Council of Ministers
- Resolution on common economic area and EU Third Pillar issues

1998

- Agreement on the abolition of non-tariff barriers to trade
- Agreement on the Baltic Common Transit Procedure
- Agreement on co-operation in energy sector
- *Agreement on the creation of common educational space in general, upper secondary education, and vocational (up to higher education level) education within the Baltic States*
- Resolution on the activities of the Baltic Council of Ministers
- Resolution adopting the Plan of actions 1998-1999

1999

- Agreement on Common Transit Procedure
- Agreement on Consular Assistance and Co-operation
- Agreement concerning the Baltic Battalion
- Agreement concerning the establishment of the Baltic Naval Squadron
- Agreement on the Establishment of the Baltic Air Surveillance Network
- Baltic Energy Strategy
- Resolution on the activities of the Baltic Council of Ministers
- Resolution adopting the Plan of actions for 1999-2000

2000

- Agreement concerning the Baltic Defence College
- Agreement on Merchant Shipping
- *Agreement concerning the protection of witnesses and victims*
- *Agreement on the academic recognition of educational qualifications*
- *Bilateral agreements on mutual protection of classified information*
- Resolution on the activities of the Baltic Council of Ministers

2001

- Resolution of the Heads of Government of the Republic of Latvia, the Republic of Estonia and the Republic of Lithuania
- Agreement on exchange of students, researchers and teaching staff
- Procedures for submitting Questions by the Members of the Baltic Assembly to the Baltic Council of Ministers and for getting Reports on them
- Agreement between Estonia and Latvia on Nature Conservation
- Agreement between Latvia and Lithuania on Nature Conservation

2002

- Agreement regarding Mutual Assistance in Customs Matters between the Government of the Republic of Estonia, the Government of the Republic of Latvia and the Government of the Republic of Lithuania (Implementing Provisions)
- Baltic Council of Ministers Action Plan for 2002-2003

2003

- *Bilateral Agreements on Co-operation in the Field of Road Traffic Offences*
- *Agreement between Lithuania and Latvia on Police Co-operation*
- *Agreement on Environmental Impact Assessment (in preparation)*

Anhang

Bibliographie ausgewählter deutsch- und englischsprachiger Literatur zum estnischen Recht[1]

Zusammengestellt von Ass. iur. *Wilm Scharlemann*, LL.M., Münster[2]

INHALT

---

1 Berücksichtigt wurden Veröffentlichungen seit 1999. Für frühere Literatur wird verwiesen auf die Zusammenstellung der estnischen Nationalbibilothek: „Bibliographia Iuridica Estonica: selected bibliography of works published in English, Finnish, German and Swedish, 1991-1999, compiled by *Maia Ruttu*, edited by *Giina Kaskla*“: http://www2.nlib.ee/~maia/NIMESTIK.html; sowie *Christian v. Bar* (Hrsg.), Ausländisches Privat- und Privatverfahrensrecht in deutscher Sprache: Systematische Nachweise aus Schrifttum, Rechtsprechung und Gutachten 1980-1997; Köln 1998, S. 110-112; *Johannes Klesment* (Hrsg.), Legal Sources and Bibliography of the Baltic States (Estonia, Latvia, Lithuania), New York 1963.

2 *Wilm Scharlemann* ist Doktorand am Bucerius Stiftungslehrstuhl für Bürgerliches Recht, Rechtsvergleichung und Rechtsharmonisierung im Ostseeraum, Professor Dr. Helmut Heiss, LL.M., Ernst-Moritz-Arndt Universität Greifswald. Der Dank des Verfassers gilt all denen, die mit ihren Hinweisen zum Entstehen dieser Zusammenstellung beigetragen haben.

I. RECHTSGESCHICHTE

Anepaio, Toomas, Die Justizreform von 1889 in den Ostseeprovinzen und das Baltische Privatrecht: die gegenseitige Beeinflussung – Der Dialog oder der Konflikt, in: Jörn Eckert/Kjell Å. Modéer (Hrsg.), Geschichte und Perspektiven des Rechts im Ostseeraum 8.-12. März 2000, Frankfurt am Main 2002, S. 59-78.

Anepaio, Toomas/Luts, Marju, Estnische Verwaltungsgeschichtsschreibung, Jahrbuch für europäische Verwaltungsgeschichte 13 (2001), S. 319-343.

Anepaio, Toomas, Dialogue or Conflict? The Legal Reform of 1889 and Baltic Private Law Code, Juridica International V (2000), S. 168-175.

Järvelaid, Peeter, Cultural borders in European history of rights, Akadeemia Nord toimetised (2002) nr. 16, S. 35-39. Frontières culturelles et histoire de l'Europe, lk. 37-38; Kultuuripiiridest Euroopa õiguse ajaloos, lk. 39.

Järvelaid, Peeter, Die baltischen Staaten im Schnittpunkt der Entwicklungen in Europa. Die Zeit zwischen den Weltkriegen, Akadeemia Nord toimetised (2002) nr. 16, S. 29-34. Balti riigid Euroopa ajaloo murdekohtades. Kahe maailmasõna vaheline periood, lk. 34.

Järvelaid, Peeter, Die Gründung der Universität zu Dorpat (Academia Gustaviana) im 17. Jahrhundert im europäischen Kontext, Akadeemia Nord toimetised (2002) nr. 16, S. 40-44. Tartu ülikooli (Academia Gustaviana) asutamine 17. sajandi Euroopa kontekstis, lk. 42.

Järvelaid, Peeter, Rolle der Rechtsgeschichte bei der Wiederherstellung der Soveränität der baltischen Staaten in der 90-er Jahren, Rättshistoria i förändring. Olinska stiftelsen 50 ar. Ett internationellt symposium i Stockholm den 19-21 november 1997 = Legal History in Change. The Olin Foundation for Legal History 50 Years. An International Symposium in Stockholm November 19-21, 1997, (Rättshistoriska Studier, 22), Lund, 2002, S. 293-302.

Järvelaid, Peeter, Die Zeit zwischen den Weltkriegen: westliche Vorbilder für die innere Organisation der neuen Staaten?, in: Carsten Goehrke/Jürgen von Ungern-Sternberg (Hrsg.), Die baltischen Staaten im Schnittpunkt der Entwicklungen. Vergangenheit und Gegenwart, Basel 2002, S. 133-140.

Järvelaid, Peeter, The Development of the Estonian Legal System, ZEuP 2000, S. 873-877.

Järvelaid, Peeter, Milleniumtext – Estonia: The development of the Estonian legal system, ZfRV 2000, S. 122-123 (=ZEuP 2000, S. 873-877).

Loeber, Dietrich A., Legal Consequences of the Molotov-Ribbentrop Pact for the Baltic States on the Obligation to ‚Overcome the Problems Inherited from the Past', Baltic Yearbook of International Law 1 (2001), S. 121-166.

Loeber, Dietrich A., Kontinuität im Zivilrecht nach der Wiederherstellung staatlicher Unabhängigkeit – Zu den Zivilgesetzbüchern von Lettland (1937),

Estland (1993) und Litauen (2000), in: Jürgen Basedow (Hsrg.), Aufbruch nach Europa: 75 Jahre Max Planck Institut für Privatrecht, Tübingen 2001, S. 943-954.
Luts, Marju, Die Begründung der Wissenschaft des provinziellen Rechts der baltischen Ostseeprovinzen im 19. Jh., in: Jörn Eckert/Kjell Å. Modéer (Hrsg.), Geschichte und Perspektiven des Rechts im Ostseeraum – Erster Rechtshistorikertag im Ostseeraum 8.-12. März 2000, Frankfurt am Main 2002, S. 147-168.
Luts, Marju, Private Law of the Baltic Provinces as a Patriotic Act, Juridica International V (2000), S. 157-167.
Luts, Marju, Textbook of Pandects or New Style of Legislation in Estonia?, Juridica International VI (2001), S. 152-158.
Luts, Marju, „Eine Universität für unser Reich, und insbesondere für die Provinzen Liv-, Ehst- und Kurland“: Die Aufgaben der Juristenfakultät zu Dorpat in der ersten Hälfte des 19. Jahrhunderts, Zeitschrift der Savigny-Stiftung für Rechtsgeschichte, Germanische Abteilung 117 (2000), S. 607-639.
Luts, Marju, Privatrecht im Dienste eines ‚vaterländischen' provinzialrechtlichen Partikularismus, Rechtstheorie (Estland-Sonderheft), Bd. 31, 2000, S. 383-393.
Luts, Marju, Zufällig und vaterländisch: die Provinzialrechtswissenschaft von F. G. v. Bunge, Zusammenfassung zur estnischen Doktorarbeit: Marju Luts, Juhuslik ja isamaaline: F. G. vi. Bunge provintsiaalõigusteadus, (Dissertationes iuridicae universitatis Tartuensis, 3), Tartu 2000, S. 256-273.
Scharlemann, Wilm, Privatrechtsentwicklung im Baltikum zwischen nationaler Souveränität, regionaler Kooperation und europäischer Integration, in: Andreas Bauer/Karl H.L. Welker (Hrsg.), Europa und seine Regionen – Europäische und regionale Rechtskultur, Tagungsband des europäischen Forums junger Rechtshistoriker 2002, Köln (i. Ersch.).
Weber, Ralph, Eine kleine Rechtsgeschichte Estlands vom 12. bis 18. Jahrhundert, in: Jörn Eckert/Kjell Å. Modéer (Hrsg.), Geschichte und Perspektiven des Rechts im Ostseeraum – Erster Rechtshistorikertag im Ostseeraum 8.-12. März 2000, Frankfurt am Main 2002, S. 349-395.

II. VERFASSUNGS-, INTERNATIONALES UND VÖLKERRECHT

Albi, Anneli, Estonia's Constitution and the EU: How and to What Extent to Amend It?, Juridica International VII (2002), S. 39-48.
Annus, Taavi/Nõmper, Ants, The Right to Health Protection in the Estonian Constitution, Juridica International VII (2002), S. 117-126.
Ernits, Madis, Holders and Addressees of Basic Rights in the Constitution of the Republic of Estonia, Juridica International IV (1999), S. 11-34.

Jõks, Eve, Some Problems of International Judicial Assistance from an Estonian Perspective, Juridica International IV (1999), S. 80-85.

Kerikmäe, Tanel/Vallikivi, Hannes, State Continuity in the Light of Estonian Treaties Concluded before World War II, Juridica International V 2000, S. 30-39.

Kiviorg, Merilin/Gallagher, Michael, Estonian Constitutional Law Institute, Juridica International VII (2002), S. 181.

Kiviorg, Merilin, Church Autonomy and Religious Liberty in Estonia, Juridica International IV (1999), S. 93-99.

Laffranque, Julia, Co-existance of the European Constitution and European Law, Juridica International VII (2002), S. 17-27.

Laffranque, Julia, Constitution of the Republic of Estonia in the Light of Accession to the European Union, Juridica International VI (2001), S. 207-221.

Laffranque, Julia, Estland zwischen zwei Verfassungen, in: Heiner Timmermann (Hrsg.), Eine Verfassung für die Europäische Union. Beiträge zu einer grundsätzlichen und aktuellen Diskussion, Opladen 2001, S. 281-304.

Lagerspetz, Mikko/Maier, Konrad, Das politische System Estlands, in: Wolfgang Ismayr (Hrsg.), Die politischen Systeme Osteuropas, Opladen 2002, S. 69-107.

Linntam, Marika, Building a Just Society: the Role of the Constitutional Judge. Idea of Justice in the Contemporary Value Jurisprudence and the Process of Argumentation, Juridica International VII (2002), S. 49-57.

Mälksoo, Lauri, Professor Uluots, the Estonian Government in Exile and the Continuity of the Republic of Estonia in International Law, Nordic Journal of International Law, 69 (2000), S. 54-58.

Mälksoo, Lauri, Justice, Order and Anarchy: The Right of Peoples to Self-Determination and the Conflicting Values in International Law, Juridica International IV (1999), S. 75-79.

Meissner, Boris, Die Kulturautonomie in Estland: Ein Modell?, in: Mahulena Hofmann/Herbert Küpper (Hrsg.), Kontinuität und Neubeginn: Staat und Recht in Europa zu Beginn des 21. Jahrhunderts, Festschrift für Georg Brunner, Baden-Baden 2002, S. 484-491.

Muda, Merle, Regulation of Gender Equality as a Fundamental Right in Estonia, Juridica International VII (2002), S. 106-116.

Narits, Raul, The Republic of Estonia Constitution on the Concept and Value of Law, Juridica International VII (2002), S. 10-16.

Narits, Raul, Comprehension of the Constitution (from the Communitarian Point of View), Juridica International IV (1999), S. 3-10.

Neukirch, Claus, Konflikmanagement und Konfliktprävention im Rahmen von OSZE-Langzeitmissionen: eine Analyse der Mission in Moldau und Estland, Baden-Baden 2003.

Pärn, Evelin, International Agreements in the Legal Orders of the Candidate Countries: Estonia, in: Andrea Ott/Kirstyn Inglis (Hrsg.), Handbook on European Enlargement: A Commentary on the Enlargement Process, The Hague 2002, S. 251-255.

Pettai, Vello, Ethnopolitics in Constitutional Courts: Estonia and Latvia Compared, East European Constitutional Review 11/12 (2002/2003), S. 101-105.

Pilving, Ivo, Rule of Law and Information Society. Constitutional Limits to Active Information Provision by Government, Juridica International VII (2002), S. 86-98.

Roosma, Peeter, Protection of Fundamental Rights and Freedoms in Estonian Constitutional Jurisprudence, Juridica International IV (1999), S. 35-44.

Salulaid, Jaan, Restoration of the Effect of Estonian International Treaties, Baltic Yearbook of International Law 1 (2001), S. 225-232.

Sarv, Margit, Integration by the reframing legislation implementation of the recommendations of the OSCE High Commissioner on National Minorities to Estonia, Zentrum für OSZE-Forschung, Working Paper CORE, Bd. 7, Hamburg 2002.

Schmidt, Carmen, Neuregelung der Verfassungsgerichtsbarkeit in Estland, Osteuropa Recht, 2003, S. 43-66.

Schmidt, Carmen, Verfassungskontrolle in Estland, in: Mahulena Hofmann/Herbert Küpper (Hrsg.), Kontinuität und Neubeginn: Staat und Recht in Europa zu Beginn des 21. Jahrhunderts, Festschrift für Georg Brunner, Baden-Baden 2002, S. 471-483.

Thiele, Carmen, Selbstbestimmungsrecht und Minderheitenschutz in Estland, Frankfurt/Oder 1999.

Uitz, Renata, Constitutional Activism and Deference Through Judicial Reasoning: Confirming An Indeterminacy Thesis, Juridica International VII (2002), S. 65-75.

Vallikivi, Hannes, Domestic Applicability of Customary International Law in Estonia, Juridica International VII (2002), 28-38.

Vallikivi, Hannes, Status of International Law in the Estonian Legal System under the 1992 Constitution, Juridica International VI (2001), S. 222-232.

Veinla, Hannes, Right to the Environment in the Context of EC Approximation and Codification of Estonian Environmental Law, Juridica International IV (1999), S. 108-114.

Ziemele, Ineta, State Continuity, Human Rights, and Nationality in the Baltic States, in: Talavs Jundzis (Hrsg.), The Baltic States at Historical Crossroads: Political, economic, and legal problems and opportunities in the context of international co-operation at the beginning of the 21st century (Published in memory of Senator August Loeber and on the occasion of the 75th birthday of Professor Dietrich André Loeber), 2. erw. Aufl., Riga 2001, S. 224-248.

Ziemele, Ineta, The Role of International Organizations in Strengthening Human Rights Performances in the Baltic Sea Region, German Yearbook of International Law 43 (2000), S. 9-37.

III. RECHTSREFORM UND INTEGRATION IN DIE EU

Ehin, Piret, Estonian Euroskepticism: A Reflection of Domestic Politics?, East European Constitutional Review 11/12 (2002/2003), S. 96-100.

Heiss, Helmut, Vom EU- zum gesamteuropäischen Privatrecht? – Privatrechtsharmonisierung in der sich erweiternden Union, in: Jürgen Basedow (Hrsg.), Aufbruch nach Europa: 75 Jahre Max Planck Institut für Privatrecht, Tübingen 2001, S. 123-140.

Heiss, Helmut, Eine Region – drei Rechtskulturen: Rechtsvergleichende Aspekte der Integration im Ostseeraum, in: Helmut Heiss (Hrsg.), Brückenschlag zwischen den Rechtskulturen des Ostseeraums, Tübingen 2001, S. 15-43.

Järvelaid, Peeter, Estonia: Enlargement of the European Union in the 21st century - Either Integration or moving on parallel ways?, in: Ulrich Karpen (Hrsg.), Evaluation of Legislation. Proceeding of the Fourth Congress of the European Association of Legislation (EAL) in Warsaw (Poland) June 15th-16th, 2000, (European Association of Legislation, Bd. 6), Baden-Baden 2002, S. 159-169.

Järvelaid, Peeter, Rolle der Rechtsgeschichte bei der Wiederherstellung der Souveränität der baltischen Staaten in der 90-er Jahren, Rättshistoria i föränding. Olinska stiftelsen 50 ar. Ett internationellt symposium i Stockholm den 19-21 november 1997 = Legal History in Change. The Olin Foundation for Legal History 50 Years. An International Symposium in Stockholm November 19-21, 1997, (Rättshistoriska Studier, 22), Lund, 2002, S. 293-302

Järvelaid, Peeter, Estonian legal culture on the treshold to the 21st century, International Journal of Legal Information (2001), S. 75-83.

Järvelaid, Peeter, The Development of the Estonian Legal System, ZEuP 2000, S. 873-877.

Järvelaid, Peeter, Milleniumtext – Estonia: The development of the Estonian legal system, ZfRV 2000, S. 122-123 (=ZEuP 2000, S. 873-877).

Järvelaid, Peeter, Rolle der Rechtsgeschichte bei der Wiederherstellung der Souveränität der Baltischen Staaten in den 90er Jahren, Akadeemia Nord toimetised (1999) Nr. 3, S. 3-11.

Järvelaid, Peeter, The development of the Estonian legal system, Estonian human development report 1999, Tallinn 1999, S. 20-22.

Käerdi, Martin, Estonia and the process towards new civil law: inspiration, models and perspectives, in: Hector MacQueen/Antoni Vaquer/Santiago

Espiau Espiau (Hrsg.), Regional Private Laws and Codification in Europe, Cambridge (i. Ersch., September 2003).

Käerdi, Martin, Westliche Rechtskonzepte für post-sozialistische Gesellschaften: Gesetzgeberische Erfahrungen in Estland, in: Helmut Heiss (Hrsg.), Brückenschlag zwischen den Rechtskulturen des Ostseeraums, Tübingen 2001, S. 75-88.

Klavins, Filip, A decade of legal reform in the Baltic States, Law in transition, Spring 2000, S. 2-5.

Kull, Irene, Legal Integration and Reforms – Innovation and Traditions, Juridica International V (2000), S. 119-123.

Laffranque, Julia, Co-existance of the Estonian Constitution and European Law, Juridica International VII (2002), S. 17-27.

Laffranque, Julia, The Europe Agreements between Estonia and the EU, in: Towards a political unification of Europe, European Public Law Series, Vol. XVI, London 2001, S. 69-86.

Laffranque, Julia/D'Sa-ga, Rose M., Domestic implementation of the EU regulations in Estonia: a flawed methodology or necessary transposition?, European Law Review (2002), S. 91-99.

Laffranque, Julia, Constitution of the Republic of Estonia in the Light of Accession to the European Union, Juridica International VI (2001), S. 207-221.

Laffranque, Julia, Influence of European Community Law on Estonian Law and, in particular, Law-making, Juridica International IV (1999), S. 86-92.

Loeber, Dietrich A., Kontinuität im Zivilrecht nach der Wiederherstellung staatlicher Unabhängigkeit – Zu den Zivilgesetzbüchern von Lettland (1937), Estland (1993) und Litauen (2000), in: Jürgen Basedow (Hsrg.), Aufbruch nach Europa: 75 Jahre Max Planck Institut für Privatrecht, Tübingen 2001, S. 943-954.

Luts, Marju, Textbook of Pandects or New Style of Legislation in Estonia?, Juridica International VI (2001), S. 152-158.

Maruste, Rait, Democracy and the Rule of Law in Estonia: Progress Achieved and the Problems Remaining, Review of Central and East European Law 26 (2000), S. 311-327.

Mikk, Harri, Zur Reform des Zivilrechts in Estland, Jahrbuch für Ostrecht 42 (2001), S. 31-52.

Pisuke, Heiki, The Process of Bringing Estonia's Legal System into Conformity with the European Union's *acquis communautaire*, in: Talavs Jundzis (Hrsg.), The Baltic States at Historical Crossroads: Political, economic, and legal problems and opportunities in the context of international cooperation at the beginning of the 21st century (Published in memory of Senator August Loeber and on the occasion of the 75th birthday of Professor Dietrich André Loeber), 2. erw. Aufl., Riga 2001, S. 191-207.

IV. PRIVAT- UND WIRTSCHAFTSRECHT

1. Allgemeines

Brunner, Georg/Schmid, Karin/Westen, Klaus (Hrsg.), Wirtschaftsrecht der osteuropäischen Staaten (WOS), Loseblatt: Estland, Einführung, bearb. v. Carmen Schmidt, 125. Lieferung, August 2001, S. 1-67, Baden-Baden.

Heiss, Helmut, Vom EU- zum gesamteuropäischen Privatrecht? – Privatrechtsharmonisierung in der sich erweiternden Union, in: Jürgen Basedow (Hrsg.), Aufbruch nach Europa: 75 Jahre Max Planck Institut für Privatrecht, Tübingen 2001, S. 123-140.

Käerdi, Martin, Estonia and the process towards new civil law: inspiration, models and perspectives, in: Hector MacQueen/Antoni Vaquer/Santiago Espiau Espiau (Hrsg.), Regional Private Laws and Codification in Europe, Cambridge (i. Ersch., September 2003).

Käerdi, Martin, Regulation of Limitation Periods in Estonian Private Law: Historical Overview and Prospects, Juridica International VI (2001), S. 66-77.

Kull, Irene, Legal Integration and Reforms – Innovation and Traditions, Juridica International V (2000), S. 119-123.

Loeber, Dietrich A., Kontinuität im Zivilrecht nach der Wiederherstellung staatlicher Unabhängigkeit – Zu den Zivilgesetzbüchern von Lettland (1937), Estland (1993) und Litauen (2000), in: Jürgen Basedow (Hsrg.), Aufbruch nach Europa: 75 Jahre Max Planck Institut für Privatrecht, Tübingen 2001, S. 943-954.

Narits, Raul, On Options of Law-interpretation in the Context of the General Part of the Civil Code Act, Juridica International VI (2001), S. 58-65.

Oksaar, Sven I., Rechtsverkehr zwischen Deutschland und Estland, in: Niels von Redecker (Hsrg.), Deutsch-Estnische Rechtsfragen, Studien des Instituts für Ostrecht München, Bd. 43., Frankfurt am Main 2003, S. 49-54.

Torgans, Kalvis, Commercial Law in the Baltic States, in: Talavs Jundzis (Hrsg.), The Baltic States at Historical Crossroads: Political, economic, and legal problems and opportunities in the context of international cooperation at the beginning of the 21st century (Published in memory of Senator August Loeber and on the occasion of the 75th birthday of Professor Dietrich André Loeber), 2. erweiterte Aufl., Riga 2001, S. 266-280.

2. Zivilrecht

Graf von Bernstorff, Christoph, Vertrags-, Kauf-, Handels- und Gesellschaftsrecht in Osteuropa: Ein Praxishandbuch, Köln 1999.

Kama, Priit, Dingliche Mobilarsicherheiten in Estland, in: Ulrich Drobnig/Marianne Roth/Alexander Trunk (Hrsg.); Dingliche Mobiliarsicherheiten in Osteuropa, Berlin 2002, S. 55-60.

Kõve, Villu, Applicable Law in the Light of Obligations and Bases for the Preparation of the Law of Obligations Act, Juridica International VI (2001), S. 30-37.

Kull, Ants, Legal Remedies Provided in the Estonian Draft Law of Obligations Act for Breach of Contractual Obligations, Juridica International IV (1999), S. 147-159.

Kull, Irene, Principle of Private Autonomy in the New Estonian Law of Obligations, in: Problems of Transformation of Law in Connection with European Integration, International Conference, Riga 2002, S. 221-251.

Kull, Irene, The Principle of Private Autonomy and Harmonization of Estonian Contract Law, in: F.J.M. Feldbrugge (Hrsg.), Law in Transition, The Hague 2002, S. 55-80.

Kull, Irene, Principle of Good Faith and Constitutional Values in Contract Law, Juridica International VII (2002), S. 142-149.

Kull, Irene, About Grounds for Exemption from Performance under the Draft Estonian Law of Obligations Act, Juridica International VI (2001), S. 44-52.

Kull, Irene, Legal Integration and Reform – Innovations and Traditions in the Estonian Law of Obligations, Rechtstheorie (Estland-Sonderheft), Bd. 31, 2000, S. 371-382.

Kull, Irene, Legal Remedies Provided in the Estonian Draft Law of Obligations Act for Breach of Contractual Obligations, Juridica International IV (1999), S. 147-159.

Lahe, Janno, Subjective Fault as a Basis of Delictual Liability, Juridica International VI (2001), S. 125-132.

Loeber, Dietrich A., Kontinuität im Zivilrecht nach der Wiederherstellung staatlicher Unabhängigkeit – Zu den Zivilgesetzbüchern von Lettland (1937), Estland (1993) und Litauen (2000), in: Jürgen Basedow (Hsrg.), Aufbruch nach Europa: 75 Jahre Max Planck Institut für Privatrecht, Tübingen 2001, S. 943-954.

Mikk, Harri, Zur Reform des Zivilrechts in Estland, Jahrbuch für Ostrecht 42 (2001), S. 31-52.

Miilaste, Andrus, Verfahrensrechtliche Durchsetzung der dinglichen Mobiliarsicherheiten, in: Ulrich Drobnig/Marianne Roth/Alexander Trunk (Hrsg.), Dingliche Mobiliarsicherheiten in Osteuropa, Berlin 2002, S. 61-68.

Paju, Jaan, Basic Features of Estonian Property Law, ZEuP 2000, S. 878-892.

Pärna, Priidu, The Law of Property Act – Cornerstone of the Civil Law Reform, Juridica International VI (2001), S. 89-101.

Schlechtriem, Peter, The New Law of Obligations in Estonia and the Developments Towards Unification and Harmonisation of Law in Europe, Juridica International VI (2001), S. 16-22.

Varul, Paul, Creation of New Private Law in Estonia, Rechtstheorie (Estland-Sonderheft), Bd. 31, 2000, S. 349-370.

Varul, Paul, Legal Policy Decisions and Choices in the Creation of New Private Law in Estonia, Juridica International V (2000), S. 104-118.

Veinla, Hannes, Private Law Instruments in the System of Environmental Control, Juridica International VI (2001), S. 159-168.

3. Familien- und Erbrecht

Bergmann/Ferid/Henrich (Hrsg.), Internationales Ehe- und Kindschaftsrechtsrecht, Loseblatt, Länderbericht Estland, bearb. v. Ulrich W. Schulze, 137. Lieferung (Stand: 1. 9. 1999), Frankfurt am Main 1999.

Hausmann, Rainer/Liin, Urve, Grundzüge des neuen estnischen Erbrechts, Jahrbuch für Ostrecht 41 (2000), S. 261-281.

Kullerkupp, Kai, Statutory Marital Property Law *de lege lata* and *de lege ferenda*, Juridica International VI (2001), S. 78-88.

Liin, Urve, Laws of Succession in Europe and Estonia: How We Got to Where We Are and Where We Should Be Heading, Juridica International VI (2001), S. 114-124.

4. Internationales Privatrecht

Martiny, Dieter, Die Bedeutung des Internationalen Privatrechts und der Rechtsharmonisierung für den grenzüberschreitenden Handel im Ostseeraum, in: Helmut Heiss (Hsrg.); Brückenschlag zwischen den Rechtskulturen des Ostseeraums, Tübingen 2001, S. 249-275.

Sein, Karin, Law Applicable to Persons Pursuant to Draft Private International Law Act, Juridica International VI (2001), S. 133-141.

5. Handels- und Gesellschaftsrecht

Graf von Bernstorff, Christoph, Vertrags-, Kauf-, Handels- und Gesellschaftsrecht in Osteuropa: Ein Praxishandbuch, Köln 1999.

Brunner, Georg/Schmid, Karin/Westen, Klaus (Hrsg.), Wirtschaftsrecht der osteuropäischen Staaten (WOS), Loseblatt: Estland, Einführung, bearb. v. Carmen Schmidt, 125. Lieferung, August 2001, S. 1-67, Baden-Baden.

Gustavus, Eckhart, Handelsrecht der Republik Estland, Tallinn und Berlin 2000.

Scharlemann, Wilm, Trade Agreements among CBSS Member Countries, herausgegeben vom Sekretariat des Council of Baltic Sea States, Stockholm 1999.

Torgans, Kalvis, Commercial Law in the Baltic States, in: Talavs Jundzis (Hrsg.), The Baltic States at Historical Crossroads: Political, economic, and legal problems and opportunities in the context of international co-operation at the beginning of the 21st century (Published in memory of Se-

nator August Loeber and on the occasion of the 75th birthday of Professor Dietrich André Loeber), 2. erw. Aufl., Riga 2001, S. 266-280.
Vutt, Andres/Vutt, Margit, Defending the Rights of Minority Shareholders in Estonia, Juridica International IV (1999), S. 160-165.

6. Insolvenzrecht

Hess, Harald/Weiss, Michaela/Wienberg, Rüdiger, InsO: Kommentar zur Insolvenzordnung mit EGInsO, Band 2, InsVV und EGInsO, 2. Auflage, Heidelberg 2001, Art. 102 Rn. 277-305, S. 894-896.
Varul, Paul, On effect of Constitution on Bankruptcy Law, Juridica International VII (2002), S. 150-157.
Varul, Paul, On the Development on Bankruptcy Law in Estonia, Juridica International IV (1999), S. 172-178.

7. Arbeitsrecht

Muda, Merle, Trends in Regulating Working and Rest Time in Estonia – Proceedings from the European Union Law, Juridica International V (2000), S. 145-156.
Muda, Merle, Prohibition of Discrimination in Labour Relations, Juridica International IV (1999), S. 189-195.
Orgo, Inge-Maret, About the Regulation of Termination of Employment Contracts in Draft Employment Contracts Act, Juridica International V (2000), S. 135-144.
Schlüter, Wilfried, Arbeitsrecht als Teil der Privatrechtsordnung, Rechtstheorie (Estland-Sonderheft), Bd. 31, 2000, S. 395-412.
Tavits, Gaabriel, Why Do We Fear Civil Law in Labour Law?, Juridica International VI (2001), S. 142-151.
Tavits, Gaabriel, The Position of Labour Law in the Private Law System: The Past, Present and Future of Estonian Labour Law, Juridica International V (2000), S. 124-134.
Tavits, Gaabriel, Freedom of Contract in Labour Relations, Juridica International IV (1999), S. 179-188.

8. Verbraucherschutzrecht

Centre de Droit de la Consommation (Hrsg.), Consumer Protection in Estonia, CICPP No. 19, Louvain-La-Neuve 2000.
Viitanen, Klaus, The Baltic Model for the Settlement of Individual Consumer Disputes, Journal of Consumer Protection 23 (2000), S. 315-339 (317-321).

9. Gewerblicher Rechtsschutz und Urheberrecht

Kalvi, Anne, Copyright in the Constitutional Spectrum, Juridica International VII (2002), S. 158-165.

Koitel, Heinu, Gewerblicher Rechtsschutz und Urheberrecht in Estland, GRUR Int. 1999, S. 1006-1116.

Pisuke, Heiki, Moral Rights of an Author in Estonian Copyright Law, Juridica International VII (2002), S. 166-175.

Pisuke, Heiki, Developments in Estonian Intellectual Property Law: Some Issues Concerning Copyright and Related Rights, Juridica International IV (1999), S. 116-171.

10. Wettbewerbs- und Kartellrecht

Koitel, Heinu, Neues im estnischen Kartellgesetz, WiRO 2002, S. 334-338.

Koitel, Heinu, Das neue estnische Kartellgesetz, WiRO 1999, S. 51-53.

OECD (Hrsg.), Competition Law and Policy in the Baltic Countries, Paris 1999, S. 27-58.

Sepp, Jüri/Wrobel, Ralph Michael, Besonderheiten der Wettbewerbspolitik in einem Transformationsland: Die Entwicklung der Wettbewerbsordnung in Estland als Beispiel, WuW 2000, S. 26-44.

11. Steuerrecht

Hahner, Arne, Einkommensteuerrecht in Estland, WiRO 2002, S. 143-145.

Lehis, Lasse, Means Ensuring Protection of Taxpayer's Rights in Estonian Tax Law, Juridica International IV (1999), S. 100-107.

V. ÖFFENTLICHES, VERWALTUNGS- UND UMWELTRECHT

Anepaio, Thomas/Luts, Marju, Estnische Verwaltungsgeschichtsschreibung, Jahrbuch für europäische Verwaltungsgeschichte 13 (2001), S. 319-343.

Bull, Hans Peter (Hrsg.), Umweltverwaltung in den Ostseeanrainerstaaten, Schriften der Deutschen Sektion des Internationalen Instituts für Verwaltungswissenschaften, Bd. 28, Baden-Baden 2002.

Dähnhardt, Ernst-Harald, Stärkung des Justizsystems in Estland, NordÖR 2001, S. 475-477.

Dreifelds, Juris, Divergent Paths of the Ombudsman Idea in the Baltic States, in: Talavs Jundzis (Hrsg.), The Baltic States at Historical Crossroads: Political, economic, and legal problems and opportunities in the context of international co-operation at the beginning of the 21st century (Published in memory of Senator August Loeber and on the occasion of the 75th birthday of Professor Dietrich André Loeber), 2. erw. Aufl., Riga 2001, S. 249-265.

Järvelaid, Peeter, Das Institut des Justizkanzlers in Estland: Geschichte und Gegenwart, Osteuropa Recht (2001), S. 365-374.

Kaplan, Lisa M., International Responsibility of an Occupying Power for Environmental Harm: The Case of Estonia, Transnational Lawyer 12 (1999), S. 153-201.

Merusk, Kalle, Presumptions of Law for Ensuring Fundamental Rights in Administrative Proceeding, Juridica International VII (2002), S. 76-85.
Merusk, Kalle, Privatisierung öffentlicher Aufgaben als rechtspolitische Entscheidung und ihre rechtlichen Grenzen in Estland, Rechtstheorie (Estland-Sonderheft), Bd. 31, 2000, S. 321-336.
Merusk, Kalle, Assignment of Public Tasks to Private Legal Persons: Legal Bases and Limits, Juridica International V (2000), S. 40-48.
Merusk, Kalle, Protection of Person's Rights and Freedoms by Estonian Administrative Courts: Development and Key Problems, Juridica International IV (1999), S. 45-54
Mullari, Tambet/von Redecker, Niels/Sild, Tarmo, Estlands Genbankgesetz – eine Weltneuheit, WiRO 2001, S. 201-208.
Olle, Vallo, Estonian Municipal Law, Municipal Policy and Municipal Politics on the Threshold of Changes, Juridica International V (2000), S. 49-57.
Olle, Vallo, Legislative Acts of Local Government Bodies and the Protection of Personal Rights and Freedoms, Juridica International IV (1999), S. 67-74.
Pilving, Ivo, Right of Action in Estonian Administrative Procedure, Juridica International IV (1999), S. 55-66.
Raidla, J./Nõmpler, A., The Estonian Genome Project and the Human Gene Research Act, Baltic Yearbook of International Law 2 (2002), (i. Ersch.).
von Redecker, Niels, Estlands Genbankgesetz – Vorbild für Deutschland?, in: Niels von Redecker (Hrsg.), Deutsch-Estnische Rechtsfragen, Studien des Instituts für Ostrecht München, Bd. 43, Frankfurt am Main 2003, S. 63-79.
von Redecker, Niels/Reimer, Ekkehart, Staatliche Genbanken unter dem Grundgesetz – Estland als Vorbild für Deutschland?, Jahrbuch für Ostrecht 42 (2001), S. 361-392.
Reents, Martin/Krüger, Christiane/Libbe, Jens, Dezentralisierung und Umweltverwaltungsstrukturen in Mittel- und Osteuropa: ein Vergleich der EU-Beitrittsländer Polen, Tschechische Republik, Ungarn, Estland, Lettland und Liatuen, Berlin 2002.
Sauthoff, Michael, Die Verwaltungsgerichtsbarkeit in Estland, NordÖR 2002, S. 11-14.
Uebe, Max, Naturschutzrecht und Landschaftsplanung in Estland unter besonderer Berücksichtigung des Gemeinschaftsrechts, Rostocker Schriften zum Seerecht und Umweltrecht, Bd. 16, Baden-Baden 2001.
Veinla, Hannes, Private Law Instruments in the System of Environmental Control, Juridica International VI (2001), S. 159-168.
Veinla, Hannes, Codification of Environmental Law: Major Challanges and Options, Juridica International V (2000), S. 58-67.
Vainla, Hannes, Theoretical Problems of Codification of Environmental Law in Estonia, Rechtstheorie (Estland-Sonderheft), Bd. 31, 2000, S. 505-520.

Vainla, Hannes, Right to the Environment in the Context of EC Approximation and Codification of Estonian Environment Law, Juridica International IV (1999), S. 108-114.

Zilgalvis, P., The Regulation of Research on the New Biomedical Technologies: Standard Setting in Europe and its Baltic Region, Baltic Yearbook of International Law 2 (2002), (i. Ersch.).

VI. STRAFRECHT UND STRAFPROZESSRECHT

Antsmäe, R./Israel, O./Sootak, Jaan, Estonia, in: Dirk van Zyl Smit/Frieder Dünkel (Hrsg.), Imprisonment Today and Tomorrow: International Perspectives on Prisoner's Rights and Prison Conditions, The Hague 2001, S. 238-252.

Ginter, Jaan, Compatibility of the Estonian Rules of Evidence in Criminal Procedure to the Needs for Protection of the Financial Interests of the European Community, Juridica International VII (2002), S. 138-141.

Ginter, Jaan, Compatibility of the Estonian Penal Law to the Need for Protection of Financial Interests of the European Union, Juridica International VI (2001), S. 184-197.

Ginter, Jaan, Criminal Policy Choices and the Reform of the Estonian Criminal Law, Juridica International V (2000), S. 79-84.

Ginter, Jaan, Principle of Proportionality in Sentencing and Economic Approach in Criminology, Juridica International IV (1999), S. 142-146.

Kaugia, Silvia, Strafrechtliche Kenntnisse estnischer Jugendlicher im Kontext sozialwissenschaftlicher Umbrüche, Rechtstheorie (Estland-Sonderheft), Bd. 31, 2000, S. 435-450.

Kergandberg, Eerik, Estlands künftiges Strafverfahrensgesetzbuch als rechtspolitische Entscheidung, in: Niels von Redecker (Hrsg.), Deutsch-Estnische Rechtsfragen, Studien des Instituts für Ostrecht München, Bd. 43, Frankfurt am Main 2003, S. 25-48.

Kergandberg, Eerik, Estonian Code of Criminal Procedure as Legal Political Decision, Juridica International V (2000), S. 85-93.

Kergandberg, Eerik, Fundamental Rights, Right of Recourse to the Courts and Problems Connected with the Guaranteeing of the Right of Recourse to the Courts in Estonian Criminal Procedure, Juridica International IV (1999), S. 122-131.

Laatsit, M./Pikamäe, Priit/Sootak, Jaan, Internationales Strafrecht – Integration des estnischen Strafrechts in das europäische Rechtssystem, Osteuropa Recht 2001, S. 188-196.

Pikamäe, Priit/Sootak, Jaan, La reforme du droit pénal estonien: la voie l'indépendance, Revue Pénitentiaire et de Droit Pénal 1999, S. 193-216.

Saar, J./Sootak, Jaan, Landesbericht Estland, in: Nora Karsten, Strafrecht in Reaktion auf Systemunrecht, Max Planck Institut für Ausländisches und Internationales Strafrecht, 7. Teil: Rußland, Weißrußland, Georgien, Estland, Litauen, Freiburg im Breisgau 2003, S. 168-180; 261-278; 308.

Saar, J./Sootak, Jaan, Estland, in: Albin Eser/Jörg Arnold (Hrsg.), Strafrecht und Reaktion auf Systemunrecht – Criminal law in reaction to state crime: vergleichende Einblicke in Transitionsprozesse, Beiträge und Materialien aus dem Max Planck Institut für Ausländisches und Internationales Strafrecht, Freiburg im Breisgau 2000, S. 105-111 (in Englisch: S. 111-117).

Sillaots, Meris, On the Scope of Competitiveness of Court Proceedings in the Draft Code of Criminal Procedure, Juridica International VI (2001), S. 198-206.

Sillaots, Meris, Richterrecht als Rechtsquelle des Strafprozeßrechts in Estland, Rechtstheorie (Estland-Sonderheft), Bd. 31, 2000, S. 451-466.

Sillaots, Meris, Supreme Court Judgement as Source of Estonian Criminal Procedural Law, Juridica International V (2000), S. 94-103.

Sillaots, Meris, On the Possible Role and Status of the Defender in the Future Estonian Criminal Procedure, Juridica International IV (1999), S. 132-141.

Sootak, Jaan/Pikamäe, Priit, Einheit der verfassungsmäßigen Rechtsordnung: Entscheidungen und Lösungen im Strafrecht, Juridica International VII (2002), S. 127-137.

Sootak, Jaan, The Human Being as a Juridical Concept, in: Anne Kull (Hrsg.), The Human Being at the Intersection of Science, Religion and Medicine, Tartu 2001, S. 47-52.

Sootak, Jaan, Straftheorien als Prüfsteine der Strafrechtsreform – Entwicklung und Änderung der rechtlichen Denkweisen, Rechtstheorie (Estland-Sonderheft), Bd. 31, 2000, S. 467-480.

Sootak, Jaan, The Civil Law Institutes as Part of Criminal Law, Juridica International VI (2001), S. 178-183.

Sootak, Jaan, Theories of Punishment and Reform of Criminal Law (Reform as a Change of Mentality), Juridica International V (2000), S. 68-78.

Sootak, Jaan/Pikamäe, Priits, Estonian Criminal Law: Reform as a Path to Independence, European Journal of Crime, Criminal Law and Criminal Justice 8 (2000), S. 61-78.

Sootak, Jaan, Protection of Fundamental Rights in Estonian Criminal Law, Juridica International IV (1999), S. 115-121.

VII. SONSTIGES

Jacobs, Barbara, Das estnische Bankensystem, in: Niels von Redecker (Hrsg.), Deutsch-Estnische Rechtsfragen, Studien des Instituts für Ostrecht München, Bd. 43, Frankfurt am Main 2003, S. 55-61.

Järvelaid, Peeter, Tammelo, Ilmar, in: Michael Stolleis (Hrsg.), Juristen: ein biographisches Lexikon von der Antike bis zum 20. Jahrhundert (Beck'sche Reihe, 1417), München 2001, S. 621-622.

Järvelaid, Peeter, Gedenktafel für Johann Philipp Gustav von Ewers, Estonia: Zeitschrift für estnische Literatur und Kultur (1999), S. 70-74.

Järvelaid, Peeter, Johann Philipp Gustav von Ewers: Staatswissenschaftler, Rektor der Universität Dorpat; Rede anläßlich der Enthüllung einer Gedenktafel am 21. 5. 1999 (Göttinger Laudationes), Göttinger Jahrbuch, Nr. 47, (1999), S. 151-154.

Järvelaid, Peeter, Laudatio für den Rektor der Universität Dorpat Prof. Dr. Johann Philipp Gustav von Ewers (1779-1830), Akadeemia Nord toimetised (1999) nr. 3, S. 12-20. Ülistuskõne Tartu Ülikooli rektorile prof dr Johann Philipp Gustav von Ewersile (1779-1830), lk. 17-20.

Järvelaid, Peeter, Von Göttingen nach Dorpat : Johann Philipp Gustav Ewers (1779-1830), Sonderdruck aus Jahrbuch des baltischen Deutschtums, Band XLVII-2000. [Lüneburg], [1999], S. 20-25.

Kaugia, Silvia, Legal Knowledge of Estonian Youth: Comparison of 1970s and 1990s, Juridica International V (2000), S. 20-29.

Kiviorg, Merilin, Legal Status of Relegious Communities in the Realms of Public and Private Law, Juridica International VI (2001), S. 169-177.

Krawitz, Werner, Codierung und Kodifikation neuer Regelsysteme des Rechts – Zum Verständnis von Gesetzgebung und Rechtspolitik in der Republik Estland, Editorial, Rechtstheorie (Estland-Sonderheft), Bd. 31, 2000, S. VII.

Luts, Marju, Freedom via Acquired Profession? On the Possibilty of Being a Jurist in an Estate Society, Juridica International IV (1999), S. 200-207.

Narits, Raul, About the Meaning of the Legal Aspect of Practical Semantics in Estonian Legal Order, Juridica International V (2000), S. 11-19.

Narits, Raul, Law Philosophy Society of Estonia, Juridica International IV (1999), S. 208-209.

Pruks, Peep, On Formation of Policy Analysis and Legal Policy in Estonia, Rechtstheorie (Estland-Sonderheft), Bd. 31, 2000, S. 337-348.

Pruks, Peep, On the Iuridicum Database, Juridica International VII (2002), S. 176-180.

Studien des Instituts für Ostrecht München

Begründet von Professor Dr. Reinhart Maurach
Herausgegeben von Professor Dr. Friedrich-Christian Schroeder,
Dr. h.c. (Breslau), Regensburg

Band 41 Manfred Gratzl: Die Reform der tschechischen Strafprozeßordnung nach 1989. Im Spannungsfeld von Rechtsstaatlichkeit, Verfahrensökonomie und Effizienz. 2002.

Band 42 Thomas Paintner: Die Insolvenz des Unternehmers in Polen. 2003.

Band 43 Niels von Redecker (Hrsg.): Deutsch-Estnische Rechtsfragen. 2003.

Band 44 Niels von Redecker: Die polnischen Vertreibungsdekrete und die offenen Vermögensfragen zwischen Deutschland und Polen. 2003.

Band 45 Niels von Redecker: Das polnische Beamtenrecht. Entwicklung und Stand beim Beitritt Polens zur Europäischen Gemeinschaft. 2003.

Band 46 Cornelia Stefanie Wölk: Das Deliktsrecht Rußlands nach dem neuen Zivilgesetzbuch. 2003.

Band 47 Petr Bohata: Untersuchungshaft im deutschen und tschechischen Recht. 2003.

Band 48 Attila Széchényi: Das neue ungarische Strafprozessrecht im Spannungsverhältnis zwischen Rechtsstaatsprinzip, Verfahrensökonomie und Effizienz. 2003.

Band 49 Agnes Balawejder: Das polnische Telekommunikationsrecht. Umsetzungsbemühungen und -stand des telekommunikationsrechtlichen acquis communautaire im polnischen TK-Recht vor dem Unionsbeitritt Polens. 2004.

Band 50 Sven I. Oksaar / Niels von Redecker (Hrsg.): Deutsch-Estnische Rechtsvergleichung und Europa. 2004.

Peter Lang · Europäischer Verlag der Wissenschaften

Niels von Redecker (Hrsg.)

Deutsch-Estnische Rechtsfragen

Frankfurt am Main, Berlin, Bern, Bruxelles, New York, Oxford, Wien, 2003.
109 S.
Studien des Instituts für Ostrecht München.
Herausgegeben von Prof. Dr. Friedrich-Christian Schroeder. Bd. 43
ISBN 3-631-50625-2 · br. € 23.00*

Kurz vor der Aufnahme Estlands in die Europäische Gemeinschaft ist ein Anwachsen der Geschäfts- und Rechtsbeziehungen zwischen Deutschland und Estland festzustellen. Einige neu aufgetauchte Rechtsfragen werden in dem Band von ausgewiesenen Fachleuten untersucht. Neben zwei Abhandlungen zum Rechtsverkehr und zur Rechtsgemeinschaft enthält der Band zwei hochaktuelle Beiträge zu Estlands neuem Strafprozessrecht und zum estnischen Bankensystem. Der Beitrag des Herausgebers zur Frage, ob Estlands neues Genbankgesetz ein Vorbild für den deutschen Gesetzgeber sein kann, ist von besonderem rechtspolitischen Interesse für die in Deutschland gerade erst eröffnete Debatte über die Grenzen der Forschung am menschlichen Genom. Aus diesem Grund wurde das estnische Genbankgesetz in einer deutschen Übersetzung in den Band aufgenommen.

Aus dem Inhalt: Rechtsentwicklung in Estland · Die Gemeinschaft der Juristen · Strafprozessrecht in Estland · Rechtsverkehr zwischen Deutschland und Estland · Estlands Bankensystem · Estlands Genbankgesetz · Rechtsvergleich · Übersetzung des estnischen Genbankgesetzes · Deutsch-Estnische Juristenvereinigung

Frankfurt am Main · Berlin · Bern · Bruxelles · New York · Oxford · Wien
Auslieferung: Verlag Peter Lang AG
Moosstr. 1, CH-2542 Pieterlen
Telefax 00 41 (0) 32 / 376 17 27

*inklusive der in Deutschland gültigen Mehrwertsteuer
Preisänderungen vorbehalten

Homepage http://www.peterlang.de

FSC
www.fsc.org
MIX
Papier | Fördert gute Waldnutzung
FSC® C083411

Kolibri 360 GmbH
Ferdinand-Jühlke-Straße 7
99095 Erfurt, Deutschland
produktsicherheit@kolibri360.de

Druck:
CPI Druckdienstleistungen GmbH
im Auftrag der
Kolibri 360 GmbH
Ferdinand-Jühlke-Str. 7
99095 Erfurt